Stephen R. Covey
Die 7 Wege zur Effektivität
Workbook

D1935245

Stephen R. Covey

Die 7 Wege zur Effektivität – Workbook

So integrieren Sie die 7 Wege in Ihr Leben

Aus dem Amerikanischen
von Ingrid Proß-Gill

GABAL FranklinCovey®

Die amerikanische Originalausgabe »The 7 Habits of Highly Effective People Personal Workbook« erschien 2003 bei Fireside/Simon & Schuster, New York, USA.
Copyright © 2003 FranklinCovey Company
All rights reserved. No part of this work may be reproduced or transmitted in any form or by any means, electronic or mechanical, including photocopying and recording, or by any information storage or retrieval system.
Franklin Covey and the FC logo and trademarks are trademarks of FranklinCovey Co. and their use is by permission.

Bibliografische Information der Deutschen Bibliothek

Die Deutsche Bibliothek verzeichnet diese Publikation in der Deutschen Nationalbibliografie; detaillierte bibliografische Informationen sind im Internet über http://dnb.d-nb.de abrufbar.

ISBN 978-3-86936-106-2

Lektorat: Claudia Franz | www.text-it.org
Umschlaggestaltung: Martin Zech Design, Bremen | www.martinzech.de
Satz und Layout: Das Herstellungsbüro, Hamburg | www.buch-herstellungsbuero.de
Druck und Bindung: Salzland Druck, Staßfurt

Copyright © der Originalausgabe 2003 by FranklinCovey Company
Copyright © 2010 by GABAL Verlag GmbH, Offenbach
Alle Rechte vorbehalten. Vervielfältigung, auch auszugsweise, nur mit schriftlicher Genehmigung des Verlages.

www.gabal-verlag.de
www.franklincovey.de
www.franklincovey.ch
www.franklincovey.at

Inhalt

Vorwort zur deutschen Ausgabe

Die 7 *Wege zur Effektivität* haben in den 20 Jahren seit ihrem Erscheinen nichts an Aktualität verloren und halten ihren Platz auf den Bestsellerlisten der Management-Literatur. Über 20 Millionen Menschen haben das Buch in aller Welt gelesen und wurden davon inspiriert. Auch im deutschsprachigen Raum hilft dieser Klassiker vielen bei der Konzentration auf effektive Gewohnheiten.

Aber wie bei allen Themen gilt genauso hier: Es reicht nicht, etwas intellektuell zu verstehen – man muss es auch umsetzen, anwenden und tun, um wirklich davon zu profitieren. Es für sich verarbeiten, durchdenken, konkret machen und ausprobieren. Die Wege nicht nur zu kennen, sondern sie auch zu beschreiten.

Dieses Buch unterstützt Sie bei der Umsetzung der 7 Wege in Ihrem Alltag. Nutzen Sie es! An seinem eigenen privaten und beruflichen Lebenserfolg zu arbeiten, ist sicher der lohnendste Einsatz der eigenen Zeit.

Viel Erfolg auf Ihrem Weg zu mehr persönlicher Effektivität!

Alexandra Altmann

Geschäftsführerin
FranklinCovey Leadership Institut GmbH
Deutschland | Schweiz | Österreich

a.altmann@franklincovey.de

Ihr persönliches Workbook

Die heutige Zeit bringt uns viele Herausforderungen. Überall um uns herum finden schnelle Veränderungen statt. Manche sind positiv und helfen uns, unsere Denk- und Lebensweise in ganz neue Bahnen zu lenken. Andere Veränderungen dagegen beunruhigen und verunsichern uns. Sie vermitteln uns das Gefühl, ineffektiv zu sein. *Die 7 Wege zur Effektivität* geben uns einen Anker für unser Leben. Sie ermöglichen uns, inmitten all des Wandels mit einem Gefühl der Beständigkeit zu leben. Warum ist das so? Ganz einfach: Weil die 7 *Wege* auf zeitlosen, universellen und offensichtlichen Prinzipien der menschlichen Effektivität beruhen.

Dieses Workbook zum Klassiker *Die 7 Wege zur Effektivität* bietet Ihnen neben Übungen zur praktischen Umsetzung auch die Gelegenheit, Ihre Gedanken schriftlich festzuhalten, sich bei Selbsttests einzuschätzen und Fragen zu beantworten, die Sie zum intensiven Nachdenken über das Gelesene anregen. Zu Beginn der Kapitel werden Sie immer aufgefordert, einige Seiten aus *Die 7 Wege zur Effektivität* zu lesen, denn sowohl die 7 *Wege* als auch dieses Workbook sind als Begleiter für Sie gedacht, die Sie immer wieder zur Hand nehmen sollten.

Falls Sie bereit sind, die in den 7 *Wegen* und in diesem Workbook vorgestellten Wege und Prinzipien zu verinnerlichen und anzuwenden, werden Sie eine wunderbare Veränderung spüren: Sie werden feststellen, dass Sie selbst über Ihre Zeit und Ihre Aktivitäten *entscheiden* und ein glücklicheres und erfüllteres Leben führen. Sie werden merken, dass Ihre persönliche Weiterentwicklung viel schneller vorangeht, dass Sie mehr emotionale Stärke und mehr Selbstdisziplin gewinnen und die Qualität Ihrer Beziehungen auf allen Ebenen steigt.

Ich hoffe, dass es Ihnen viel Freude machen wird, die zeitlosen Prinzipien der Effektivität kennenzulernen und sich intensiv mit ihnen zu beschäftigen. Nutzen Sie die Chance und lassen Sie sich wirklich auf dieses Workbook und die 7 *Wege zur Effektivität* ein. Es lohnt sich!

ERSTER TEIL

Paradigmen und Prinzipien

Es ist hilfreich, die Seiten 21 bis 74 in *Die 7 Wege zur Effektivität* zu lesen, bevor Sie mit diesem Kapitel des Workbooks beginnen.

Paradigmen

Unsere Paradigmen – die zutreffenden und die unzutreffenden – prägen unsere Einstellungen und Verhaltensweisen und letztlich auch unsere Beziehungen zu anderen.
STEPHEN R. COVEY

Der Leiter eines Supermarktes hörte, wie ein Verkäufer zu einer Kundin sagte: »Nein, wir haben jetzt schon seit Wochen keinen mehr gehabt, und es sieht auch nicht so aus, als würden wir bald welchen bekommen.« Der Marktleiter war entsetzt und rannte zu der Kundin, die bereits auf dem Weg zum Ausgang war. »Das stimmt nicht!« Doch sie warf ihm nur einen erstaunten Blick zu und verließ wortlos den Laden. Daraufhin fuhr der Marktleiter den Verkäufer an: »Sie dürfen nie, nie, nie sagen, wir hätten irgendetwas nicht. Wenn wir es nicht haben, müssen Sie sagen, wir hätten es bestellt und es sei schon unterwegs. Was wollte die Kundin überhaupt?«

»Regen!«, antwortete der Verkäufer.

Wie oft ist es Ihnen schon so ergangen wie dem Marktleiter? Häufig schätzen wir Situationen völlig falsch ein. Das passiert schnell, weil alle Menschen die Dinge ganz unterschiedlich sehen. Wir haben alle verschiedene Paradigmen oder Bezugsrahmen und betrachten die Welt durch völlig andere Brillen. Wir sehen die Welt nicht so, wie sie ist, sondern so, wie wir sind. Deshalb ist es wichtig, dass wir uns klarmachen, wie sehr unsere Paradigmen unsere Sicht der Dinge beeinflussen. Wenn uns das bewusst ist, können wir unsere Paradigmen genau unter die Lupe nehmen und sie der Realität gegenüberstellen. Und falls es nötig ist, können wir unsere Paradigmen überdenken und offen für die Wahrnehmungen anderer sein.

Wenn Sie kleinere Veränderungen in Ihrem Leben anstoßen wollen, reicht es vielleicht, wenn Sie sich auf Ihre Einstellungen und Verhaltensweisen konzentrieren. Doch wenn es um bedeutende Veränderungen geht, in der Größenordnung eines Quantensprungs, müssen Sie an Ihren Paradigmen arbeiten – an der Art und Weise, wie Sie sich selbst und die Welt um sich herum sehen.

Ist es Ihnen schon mal passiert, dass Sie von einer ganz bestimmten Annahme ausgegangen sind, dann aber feststellen mussten, dass Sie voreilige Schlüsse gezogen hatten? Beschreiben Sie diese Erfahrung:

Wie sah Ihre Annahme aus?

Denken Sie über einige andere Annahmen nach, die Sie gemacht haben. Was wollen Sie in dieser Woche tun, um an einer von ihnen zu arbeiten?

So kommen Sie Ihren Paradigmen auf die Spur

Sicher waren Sie schon mal im Ausland oder in einer anderen Region Ihres Landes? Was kam Ihnen dort merkwürdig vor?

Verhielten sich die Leute so, wie Sie erwartet hatten? Was dachten Sie über ihr Verhalten?

Blicken Sie auf Ihre Reisen zurück: Was hielten die Leute wohl von Ihnen? Glauben Sie, dass sie ähnliche Gedanken hatten wie Sie?

Wie haben Ihre Annahmen sich geändert, wenn Sie auf Ihren Reisen die Gelegenheit hatten, Menschen näher kennenzulernen?

So verändern Sie Ihre Paradigmen

Denken Sie einmal über die verschiedenen Wege nach, auf denen Sie zur Arbeit oder nach Hause fahren können. Sind einige von ihnen umständlicher als die anderen? Ist einer manchmal bequemer als die anderen? Weshalb?

Haben Sie schon mal einen neuen Weg nach Hause entdeckt, von dem Sie bis dahin nichts wussten? Was war es für ein Gefühl, andere Wege auszuprobieren?

Denken Sie darüber nach, wie Sie mit anderen Menschen interagieren. Gibt es auch hier unterschiedliche Wege? Welche neuen Möglichkeiten könnten Sie ausprobieren?

Prinzipien

Wir können unmöglich das Gesetz brechen.
Wir können nur am Gesetz zerbrechen.
CECIL B. DEMILLE

Als Albert Einstein vier Jahre alt war, sah er zum ersten Mal eine Kompassnadel – und begriff, dass es »etwas hinter den Dingen, etwas tief Verborgenes« geben musste. Das gilt auch für alle anderen Lebensbereiche. Prinzipien sind *universell*, sie kennen keine Grenzen und gelten überall auf der ganzen Welt. Außerdem sind sie *zeitlos*, sie ändern sich nie. Ich spreche hier von Prinzipien wie Fairness, Freundlichkeit, Respekt, Ehrlichkeit, Integrität, Dienen oder Beiträge leisten. Verschiedene Kulturen können diese Prinzipien ganz anders umsetzen und sie im Laufe der Zeit sogar völlig verdunkeln. Doch die Prinzipien existieren weiter, sie wirken immer, wie das Gesetz der Schwerkraft.

Prinzipien sind zudem *unbestreitbar*. Das heißt, sie sind offensichtlich: Ohne Vertrauenswürdigkeit kann es zum Beispiel nie dauerhaftes Vertrauen geben. Das ist ein Naturgesetz! Von Naturgesetzen und Prinzipien hängen die Konsequenzen unserer Entscheidungen ab. Wenn wir unsere Umwelt ständig verschmutzen, bekommen wir schlechte Luft und schlechtes Wasser – und wenn wir zu anderen ständig unfreundlich und unehrlich sind, wird das Vertrauen zerstört.

Sicher kennen Sie Aesops Fabel von der Gans und den goldenen Eiern. Die Moral dieser Geschichte kann man auch auf unsere moderne Welt anwenden. Wahre Effektivität ergibt sich aus zwei Faktoren: dem, was produziert wird (den goldenen Eiern), und der Kapazität, zu produzieren (der Gans). Wie der törichte Bauer legen wir oft zu viel Gewicht auf kurzfristige Ergebnisse und merken gar nicht, dass das auf Kosten der langfristigen Produktivität geht.

Effektivität beruht auf einem Gleichgewicht: dem P/PK-Gleichgewicht. »P« steht für die Produktion der gewünschten Ergebnisse und

»PK« für Produktionskapazität. Obwohl es offensichtlich nötig ist, ein Gleichgewicht zwischen P und PK herzustellen, vernachlässigen wir unsere physischen, finanziellen und menschlichen Ressourcen häufig. Wir kümmern uns beispielsweise nicht gut genug um unseren Körper, die Umwelt oder unsere Beziehungen.

Auf der anderen Seite steigern PK-Investitionen wie körperliche Bewegung und gesunde Ernährung oder die Verbesserung von Beziehungen unsere Lebensqualität. Denken Sie über die Aesop-Fabel von der Gans und den goldenen Eiern nach. Schreiben Sie dann eine Fabel über sich selbst. Wo müssen Sie im Hinblick auf Ihre Produktion und Ihre Produktionskapazität für ein besseres Gleichgewicht sorgen? Hier ein Beispiel, als Denkanstoß:

Eine junge Frau war Ehefrau, Mutter und Geschäftsfrau. Sie wollte für sich selbst, für ihre Familie und für ihr Unternehmen gute Arbeit leisten. Da sie sich sehr anstrengte, wurde sie bald als Mensch anerkannt, auf den man sich verlassen konnte, der alles schnell, effizient und wirklich gut erledigte – zu Hause und im Job. Doch allmählich wuchs ihr alles über den Kopf. Sie kam erst so spät nach Hause, dass sie gerade noch die Kinder ins Bett bringen konnte. Ihre Lebensqualität verschlechterte sich in jeder Hinsicht. Sie fühlte sich ständig müde und schließlich auch ausgenutzt.

Im Zentrum der 7 *Wege* stehen zeitlose, universelle Prinzipien der Effektivität im persönlichen, zwischenmenschlichen und geschäftlichen Bereich:

1. Das Prinzip des lebenslangen Lernens, der ständigen Weiterbildung. Lebenslanges Lernen ist in der Welt von heute unerlässlich. Es trägt dazu bei, dass wir bessere Beziehungen führen und im Beruf kompetenter werden können. Viele von uns werden auf mehr als fünf verschiedenen Gebieten gearbeitet haben, bevor sie in den Ruhestand gehen. Der technische Fortschritt schreitet mit rasender Geschwindigkeit voran – da wollen Sie sicher nicht hinterherhinken?

> *Das ist Lernen – plötzlich verstehen wir etwas, das wir schon unser ganzes Leben lang verstanden haben, aber auf eine völlig neue Weise.*
> DORIS LESSING

2. Das Prinzip des Dienens, der Gedanke, andere zu unterstützen und ihnen zur Seite zu stehen.

> *Anderen zu dienen ist wundervoll – allerdings nur, wenn man es mit Freude, mit ganzem Herzen und mit freiem Geist tut.*
> PEARL S. BUCK

3. Das Prinzip, optimistisch zu bleiben, positive Energie auszustrahlen und die vier emotionalen Hindernisse – Kritisieren, Klagen, Vergleichen und Konkurrieren – zu vermeiden.

> *Der entscheidende Punkt beim Leben und beim Optimismus ist, töricht genug zu sein, um zu glauben, dass das Beste noch kommt.*
> PETER USTINOV

4. Das Prinzip, anderen Bestätigung zu geben und sie als pro-aktive Individuen mit außergewöhnlichen Fähigkeiten und großem Potenzial zu sehen.

> *Wenn man die Menschen behandelt, als wären sie das, was sie sein sollten, hilft man ihnen, das zu werden, was sie werden können.*
> JOHANN WOLFGANG VON GOETHE

5. Das Prinzip des Gleichgewichts – die Fähigkeit, unsere unterschiedlichen Rollen zu erkennen und für alle wichtigen Bereiche unseres Lebens das richtige Maß an Zeit aufzuwenden. Denn Erfolg in einem Lebensbereich kann eine Vernachlässigung oder Misserfolge in anderen nicht aufwiegen.

> *Jeder von uns ist ein Haus mit vier Zimmern: einem physischen, einem mentalen, einem emotionalen und einem spirituellen. Wenn wir nicht jeden Tag in jedes dieser Zimmer gehen – und sei es nur, um dort für frische Luft zu sorgen –, sind wir keine richtigen Menschen.*
> RUMER GODDEN

6. Das Prinzip der Spontaneität – die Fähigkeit, das Leben mit einem Schuss Abenteuerlust und Neugier auszukosten, statt bei allen Dingen immer etwas Negatives finden zu wollen.

> *Die Essenz von Freude ist Spontaneität.*
> GERMAINE GREER

7. Das Prinzip der ständigen Erneuerung und Verbesserung in den vier Dimensionen unseres Lebens: dem physischen, spirituellen, mentalen und sozial/emotionalen Bereich.

> *Das ist die größte Investition, die wir im Leben machen können – in uns selbst zu investieren.*
> STEPHEN R. COVEY

Schreiben Sie fünf Prinzipien auf, die sich Tag für Tag auf Ihr Leben auswirken. Auf welche Weise beeinflussen sie Sie? Handelt es sich um einen positiven oder negativen Einfluss?

1. ______________________________

____

____

____

2. ______________________________

____

____

____

3. ______________________________

____

____

____

4. ______________________________

____

____

____

5. ______________________________

____

____

____

Die 7 Wege: Ein Überblick

Bei den 7 *Wegen* geht es um Effektivität. Wahre Effektivität beruht auf zeitlosen Prinzipien, die in Harmonie mit den Naturgesetzen stehen. Effektive Menschen lassen sich von ihrer eigenen Mission leiten und richten ihr Leben an Prinzipien aus. Ineffektive Menschen richten sich nach den Wünschen anderer und unterwerfen ihr Leben dringenden, aber völlig unwichtigen Dingen.

Man kann die 7 *Wege zur Effektivität* besonders gut verstehen, wenn man sich zunächst einmal das jeweilige Gegenteil ansieht. Deshalb stellen wir die 7 *Wege zur Effektivität* jetzt den 7 Wegen zur Ineffektivität gegenüber.

EFFEKTIVE MENSCHEN	INEFFEKTIVE MENSCHEN
1. WEG	
1. Weg: Pro-aktiv sein. Pro-aktive Menschen beschränken sich nicht nur darauf, die Initiative zu ergreifen. Sie erkennen auch an, dass sie für ihre Entscheidungen selbst verantwortlich sind und die Freiheit haben, zu wählen. Dabei folgen sie Prinzipien und Werten und nicht ihren Launen oder den Umständen. Pro-aktive Menschen stoßen Veränderungen an.	**Reaktiv sein:** Reaktive Menschen übernehmen keine Verantwortung für ihr Leben. Sie fühlen sich als Opfer der Umstände, ihrer Vergangenheit oder anderer Menschen. Sie sehen sich nicht als kreative Kraft in ihrem Leben.
2. WEG	
2. Weg: Schon am Anfang das Ende im Sinn haben. Individuen, Familien, Teams und Organisationen gestalten ihre Zukunft selbst, indem sie Visionen und Ziele für alle großen und kleinen beruflichen oder privaten Projekte entwickeln. Sie erkennen, welche Prinzipien, Beziehungen und Ziele für sie am wichtigsten sind, und verschreiben sich ihnen voll und ganz.	**Am Anfang kein Ende im Sinn haben.** Ineffektive Menschen haben keine Vision. Sie wissen nicht, wie wichtig Ziele und Visionen sind. Sie haben kein Leitbild verfasst und richten ihr Leben an den Maßstäben der Gesellschaft und nicht an selbst gewählten Werten aus.

EFFEKTIVE MENSCHEN	INEFFEKTIVE MENSCHEN
3. WEG	
3. Weg: Das Wichtigste zuerst tun. Menschen, die das Wichtigste zuerst tun, lassen sich von ihren Topprioritäten leiten. Wie die Umstände auch aussehen mögen – sie leben nach den Prinzipien, die ihnen am allerwichtigsten sind.	**Unwichtige Dinge zuerst tun.** Ineffektive Menschen sind Krisenmanager, die es nicht schaffen, sich auf die wirklich wichtigen Aufgaben zu konzentrieren. Sie beschäftigen sich ständig mit den Umständen, ihrer Vergangenheit und anderen Menschen. Sie verlieren sich in unwichtigen Dingen und hetzen von einer dringenden Angelegenheit zur nächsten.
4. WEG	
4. Weg: Gewinn/Gewinn denken. Menschen, die Gewinn/Gewinn denken, streben von ihrer Geistes- und Herzenseinstellung her nach Vorteilen für beide Seiten und gegenseitigem Respekt bei allen zwischenmenschlichen Beziehungen. Sie denken in Form von Überfluss und Chancen. Bei ihnen steht das »Wir«, nicht das »Ich« im Mittelpunkt. Sie sind immer darauf bedacht, durch Einzahlungen auf die emotionalen Beziehungskonten ein vertrauensvolles Miteinander aufzubauen.	**Gewinn/Verlust oder Verlust/Gewinn denken.** Menschen, die so denken, haben eine ausgeprägte Mangel-Mentalität und betrachten das Leben als Nullsummenspiel. Ihre Kommunikation ist ineffektiv. Zudem machen sie häufig Abhebungen von den emotionalen Beziehungskonten anderer Menschen, was zu einer defensiven Einstellung und Feindseligkeiten führt.
5. WEG	
5. Weg: Erst verstehen, dann verstanden werden. Wenn wir anderen zuhören, um sie wirklich zu verstehen, beginnen wir mit echter Kommunikation und Beziehungsarbeit. Dann geht es nicht darum, sofort etwas zu erwidern, sondern darum, auf den anderen einzugehen. Daraus ergeben sich viel leichter Gelegenheiten, offen miteinander zu sprechen und auch selbst verstanden zu werden. Verstehen zu wollen erfordert Rücksicht, verstanden werden zu wollen erfordert Mut. Effektivität ergibt sich daraus, dass man beides ins Gleichgewicht bringt.	**Erst verstanden werden.** Menschen, die nicht richtig zuhören, fehlt das Bemühen, andere zu verstehen. Sie bringen immer zuerst ihren eigenen Standpunkt vor, der allein auf ihren Erfahrungen und Motiven beruht. Sie schreiben blind Rezepte aus, ohne vorherige Diagnose des Problems.

EFFEKTIVE MENSCHEN	INEFFEKTIVE MENSCHEN
6. WEG	
6. Weg: Synergien schaffen. Bei synergetischen Menschen heißt es nicht »mein Weg« oder »dein Weg«. Sie suchen einen dritten Weg, der besser ist als alles, was jeder von ihnen allein zustande gebracht hätte. Synergie entsteht, wenn man die Unterschiede zwischen den Menschen respektiert, schätzt und sogar feiert. Es geht darum, Probleme zu lösen, Chancen zu ergreifen und Unterschiede zu klären. Bei dieser Form der kreativen Kooperation ergibt 1 plus 1 nicht 2, sondern 3, 11, 111 oder sogar noch viel mehr.	**Kompromisse eingehen, kämpfen oder fliehen.** Ineffektive Menschen sind überzeugt, dass das Ganze weniger ist als die Summe seiner Teile. Sie versuchen, andere nach ihrem eigenen Bild zu formen, und betrachten Unterschiede nicht als Gewinn, sondern als Bedrohung.
7. WEG	
7. Weg: Die Säge schärfen. Effektive Menschen achten darauf, sich in den vier grundlegenden Lebensbereichen ständig zu erneuern. Die permanente Erneuerung im physischen, sozial/emotionalen, mentalen und spirituellen Bereich hilft ihnen, alle anderen Wege zur Effektivität in ihrem Leben viel besser umzusetzen.	**Die Säge abnutzen.** Ineffektiven Menschen fehlt es an einem Programm, um sich selbst zu erneuern und zu verbessern. So verlieren sie irgendwann die Schärfe, die sie früher vielleicht einmal hatten.

Die 7 Wege: Selbsttest

Dieser Selbsttest hilft Ihnen herausfinden, wie gut Sie die *7 Wege* in Ihrem Leben umsetzen. Er wird Ihnen auch zeigen, auf welche Bereiche Sie sich ganz besonders konzentrieren sollten, wenn Sie das Workbook durcharbeiten. Und: Wenn Sie genau wissen möchten, welche Fortschritte Sie gemacht haben, sollten Sie diesen Selbsttest wiederholen, wenn Sie am Ende dieses Workbooks angelangt sind.*

---

* Auf www.7Wege.franklincovey.de finden Sie Informationen zum 7-Wege-Profil und einen umfassenden Online-Fragebogen zu den *7 Wegen zur Effektivität*. Neben der Selbsteinschätzung können Sie sich auch von anderen einschätzen lassen (360° Profil) und dann Fremd- und Selbstbild miteinander vergleichen.

Lesen Sie die Aussagen und ziehen Sie jeweils einen Kreis um die Zahl, die anzeigt, wie gut Sie bei den einzelnen Wegen abschneiden: 1 bedeutet »ganz schlecht«, 6 steht für »hervorragend«.

DIE 7 WEGE: SELBSTTEST						
EMOTIONALES BEZIEHUNGSKONTO						
1. Ich bin anderen gegenüber freundlich und rücksichtsvoll.	1	2	3	4	5	6
2. Ich halte meine Versprechen und meine Verpflichtungen ein.	1	2	3	4	5	6
3. Ich sage nichts Negatives über andere, wenn sie nicht anwesend sind.	1	2	3	4	5	6
P/PK-GLEICHGEWICHT						
4. Es gelingt mir, zwischen den verschiedenen Bereichen meines Lebens – Familie, Freunde, Arbeit usw. – ein angemessenes Gleichgewicht zu halten.	1	2	3	4	5	6
5. Wenn ich mich mit einer Aufgabe beschäftige, denke ich auch an die Sorgen und Bedürfnisse der Menschen, für die ich arbeite.	1	2	3	4	5	6
6. Ich arbeite hart, aber nicht so, dass ich burnout-gefährdet bin.	1	2	3	4	5	6
1. WEG: PRO-AKTIV SEIN						
7. Ich habe selbst die Kontrolle über mein Leben.	1	2	3	4	5	6
8. Ich konzentriere mich auf die Dinge, bei denen ich etwas bewirken kann, nicht auf die Dinge, über die ich keine Kontrolle habe.	1	2	3	4	5	6
9. Ich übernehme die Verantwortung für meine Stimmungen, statt andere oder die Umstände dafür verantwortlich zu machen.	1	2	3	4	5	6
2. WEG: SCHON AM ANFANG DAS ENDE IM SINN HABEN						
10. Ich weiß, was ich in meinem Leben erreichen will.	1	2	3	4	5	6
11. Ich organisiere alles so, dass ich möglichst selten unter großem Stress arbeiten muss.	1	2	3	4	5	6
12. Zu Beginn jeder Woche erstelle ich einen Plan, was ich alles machen und erreichen möchte.	1	2	3	4	5	6

DIE 7 WEGE: SELBSTTEST						
3. WEG: DAS WICHTIGSTE ZUERST TUN						
13. Ich setze meine Pläne diszipliniert um und vermeide Aufschiebetaktiken, Zeitverschwender und Co.	1	2	3	4	5	6
14. Ich lasse nicht zu, dass die wirklich wichtigen Aktivitäten in meinem Leben in der Hektik des Alltags untergehen.	1	2	3	4	5	6
15. Die Dinge, die ich jeden Tag mache, sind wichtig und tragen dazu bei, dass ich meine Ziele erreiche.	1	2	3	4	5	6
4. WEG: GEWINN/GEWINN DENKEN						
16. Der Erfolg von anderen ist mir ebenso wichtig wie mein eigener.	1	2	3	4	5	6
17. Ich kooperiere oft und gerne mit anderen.	1	2	3	4	5	6
18. Bei Konflikten suche ich nach Lösungen, die allen Vorteile bringen.	1	2	3	4	5	6
5. WEG: ERST VERSTEHEN, DANN VERSTANDEN WERDEN						
19. Mir ist wichtig, auf die Gefühle von anderen Rücksicht zu nehmen.	1	2	3	4	5	6
20. Ich bemühe mich, wirklich zuzuhören und andere Menschen zu verstehen.	1	2	3	4	5	6
21. Wenn ich jemandem zuhöre, versuche ich, die Dinge aus seinem Blickwinkel zu sehen, und nicht nur von meinem eigenen Standpunkt aus.	1	2	3	4	5	6
6. WEG: SYNERGIEN SCHAFFEN						
22. Ich schätze die Meinung von anderen und möchte sie gerne näher kennenlernen.	1	2	3	4	5	6
23. Ich suche nach neuen, besseren Ideen und Lösungen.	1	2	3	4	5	6
24. Ich ermutige andere dazu, über ihre Ansichten zu sprechen.	1	2	3	4	5	6
7. WEG: DIE SÄGE SCHÄRFEN						
25. Ich achte auf meine Gesundheit.	1	2	3	4	5	6
26. Ich bemühe mich, neue Beziehungen aufzubauen und bestehende Beziehungen zu verbessern.	1	2	3	4	5	6
27. Ich nehme mir Zeit, um im Leben einen Sinn und Freude zu finden.	1	2	3	4	5	6

Wie hoch ist Ihre Effektivität?

Zählen Sie jetzt bitte Ihre Punkte für die einzelnen Prinzipien und Wege zusammen. Tragen Sie Ihre Punktzahl für die verschiedenen Kategorien in die Tabelle ein. Je mehr Punkte Sie haben, desto besser ist Ihr Leben an den *7 Wegen* und den damit verbundenen Prinzipien ausgerichtet.

GESAMTWERTE FÜR DIE WEGE									
	Emotionales Beziehungskonto	P/PK-Gleichgewicht	1. Weg	2. Weg	3. Weg	4. Weg	5. Weg	6. Weg	7. Weg
Hervorragend 18									
17									
16									
Sehr gut 15									
14									
13									
Gut 12									
11									
10									
Befriedigend 9									
8									
7									

	Emotionales Beziehungskonto	P/PK-Gleichgewicht	1. Weg	2. Weg	3. Weg	4. Weg	5. Weg	6. Weg	7. Weg
Schlecht 6									
5									
4									
Sehr schlecht 3									
2									
1									

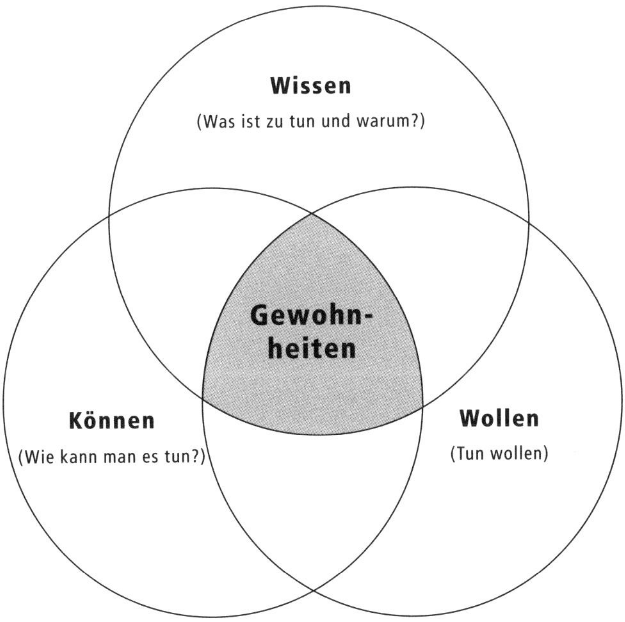

Effektive Gewohnheiten

Verinnerlichte Prinzipien und Verhaltensmuster

Gewohnheiten

Gewohnheiten sind die Schnittmengen zwischen Wissen, Können und Wollen. Wissen ist das *Was ist zu tun* und *Warum,* Können ist das *Wie,* Wollen die Motivation, das *Ich will.* Damit wir uns etwas in unserem Leben zur Gewohnheit machen können, müssen Wissen, Können und Wollen zusammenkommen.

Denken Sie an zwei Gewohnheiten, die Sie haben – eine gute und eine schlechte. Schreiben Sie auf, welches Wissen, Können und Wollen mit diesen beiden Gewohnheiten verbunden ist.

Gewohnheiten haben eine unglaubliche Zugkraft – mehr, als die meisten Leute erkennen oder zugeben wollen. Eine tief verwurzelte Gewohnheit abzulegen erfordert jede Menge Anstrengung und oft auch große Veränderungen in unserem Leben.

Lesen Sie noch einmal durch, was Sie über Ihre schlechte Gewohnheit geschrieben haben. Sind Sie bereit, alles zu tun, um sich daraus zu lösen? Falls ja, schreiben Sie bitte drei Dinge auf, die Sie tun wollen, um Ihre schlechte Gewohnheit abzulegen. Ganz wichtig: Halten Sie Ihre Fortschritte schriftlich fest.

1. ______________________________

____

____

____

2. ______________________________

____

____

____

3. ______________________________

____

____

____

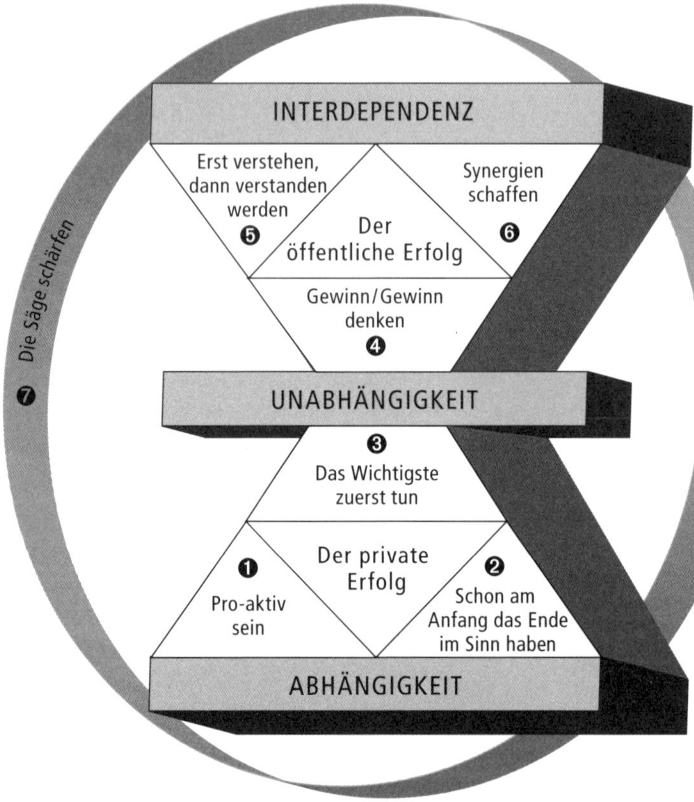

Das Reifekontinuum

Das Reifekontinuum

Mithilfe der 7 *Wege* können wir uns in einem Reifekontinuum von der Abhängigkeit über die Unabhängigkeit bis zur Interdependenz, der wechselseitigen Abhängigkeit, weiterentwickeln.

- Abhängigkeit ist das Paradigma vom »Du«: Du sorgst für mich.
- Unabhängigkeit ist das Paradigma vom »Ich«: Ich bin selbstständig.
- Interdependenz oder wechselseitige Abhängigkeit ist das Paradigma vom »Wir«: Wir schaffen das. Wir können unsere Talente und Fähigkeiten verbinden und gemeinsam etwas viel Größeres erreichen. Obwohl viele Menschen auf Unabhängigkeit schwören, ist Interdependenz ein viel effektiveres und erfolgreicheres Konzept.

Das Reifekontinuum ist auf einem Vorgehen von innen nach außen aufgebaut. Anders ausgedrückt: Bei den Wegen 1, 2 und 3 geht es um die Beherrschung des eigenen Ichs. Sie führen von der Abhängigkeit zur Unabhängigkeit und damit zum »privaten Erfolg«. Wer wirklich unabhängig ist, hat das Fundament für effektive Interdependenz gelegt. Und das ist die Charaktergrundlage, die ihm hilft, effektiv an den Wegen 4, 5 und 6 zu arbeiten. Wechselseitige Abhängigkeit ist der Schlüssel für die eher fertigkeitsorientierten »öffentlichen Erfolge« wie Teamarbeit, Kooperation und Kommunikation. Beim 7. Weg geht es dann um die regelmäßige, ausgewogene Erneuerung der vier grundlegenden Dimensionen des Lebens. Der 7. Weg umfasst alle anderen Wege.

Sehen Sie sich das Reifekontinuum an und überlegen Sie, wo Sie sich momentan befinden. Denken Sie ein paar Minuten lang darüber nach und schreiben Sie dann auf, an welcher Stelle Sie im Augenblick sind, und weshalb. Welche Verhaltensweisen und Einstellungen haben Sie dorthin gebracht, wo Sie jetzt stehen? Woran müssen Sie in Zukunft am meisten arbeiten?

ZWEITER TEIL

Der private Erfolg

1. Weg

Pro-aktiv sein

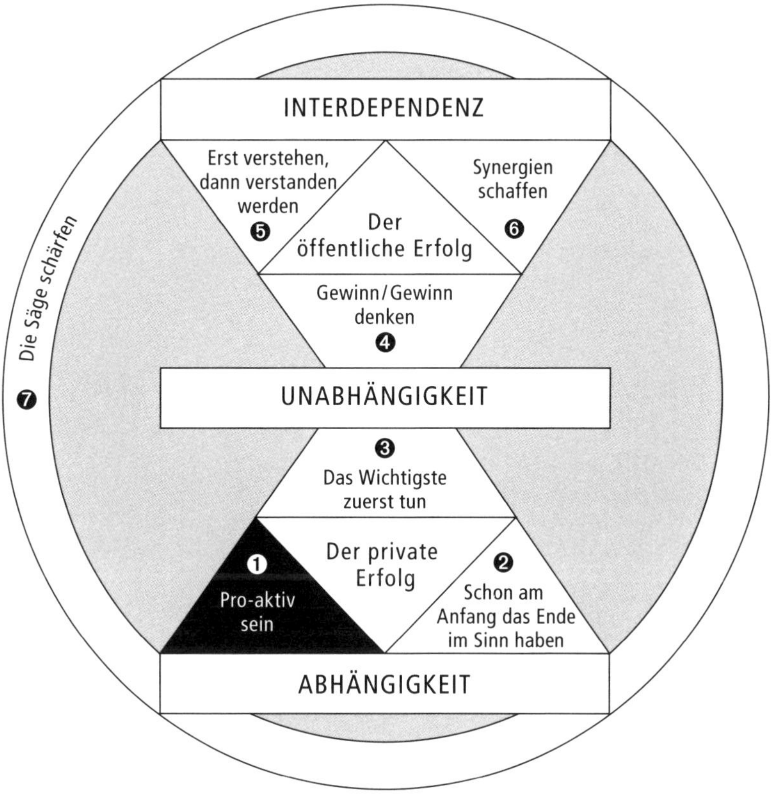

Es ist hilfreich, die Seiten 75 bis 107 in *Die 7 Wege zur Effektivität* zu lesen, bevor Sie mit diesem Kapitel des Workbooks beginnen.

1. Weg: Pro-aktiv sein

Das Leben ist ein Buch, das Sie schreiben.
Sie bestimmen den Ablauf und das Tempo,
und Sie – Sie ganz allein blättern die Seiten um.
BETH MENDE CONNY

Ihr Leben »passiert« nicht einfach. Es wird sorgsam – oder auch nicht sorgsam – von Ihnen gestaltet. Sie können sich dafür entscheiden, glücklich zu sein – oder traurig. Sie können sich für Entschlossenheit oder Zögern entscheiden, für Erfolg oder Misserfolg, für Mut oder Angst. Es liegt an Ihnen: Sie haben immer die Wahl, in jedem Augenblick, in jeder Situation. Das gibt Ihnen die Chance, die Dinge zum Positiven zu verändern.

Beim 1. Weg – pro-aktiv sein – geht es darum, dass Sie die Verantwortung für Ihr Leben selbst übernehmen. Sie können nicht immer für alles Ihre Eltern oder Großeltern, Ihren Chef oder Ihre Kollegen verantwortlich machen. Beherrschen Ihre schlimme Kindheit, Ihre Erbanlagen oder Ihr Arbeitsumfeld Ihr gesamtes Leben? Ist die Tatsache, dass Sie in Armut aufgewachsen sind, eine gute Entschuldigung für alle Ihre Probleme? Ganz sicher nicht! Wir haben die Freiheit, zu wählen – jeder von uns.

Pro-aktive Menschen erkennen, dass sie selbst die Verantwortung für ihr Leben tragen. Sie machen nicht die anderen oder die Umstände für ihr Verhalten verantwortlich. Reaktive Menschen dagegen lassen sich oft durch die äußeren Gegebenheiten beeinflussen. Wenn das Wetter gut ist, fühlen sie sich auch gut. Ist das Wetter aber schlecht, sind auch ihre Laune und ihre Leistungen schlecht.

Wir müssen uns selbst kennen und uns bewusst sein, dass wir eigenständige Wesen sind, von anderen und von unserer Umgebung unabhängig. Es ist wichtig, dass wir Abstand gewinnen und uns selbst, unsere

Neigungen, Gedanken und Wünsche objektiv betrachten können. Sonst haben wir keine Grundlage, um andere Menschen zu verstehen und zu respektieren. Und: Wir könnten keine Veränderungen in unserem Leben herbeiführen.

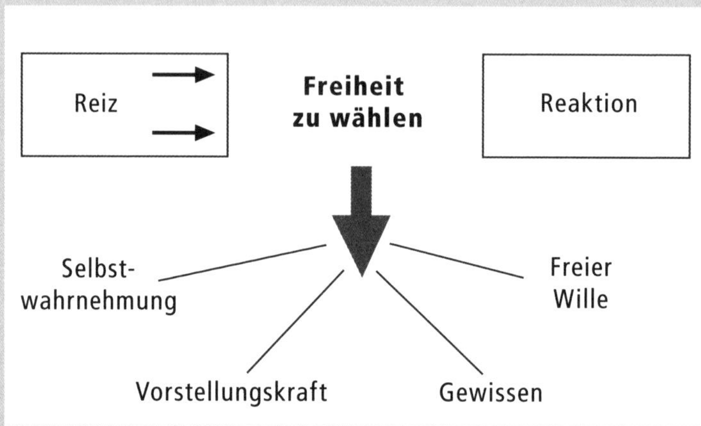

Modell von Reiz und Reaktion

So werden Sie pro-aktiv

Zwischen Reiz und Reaktion haben wir die Freiheit, zu wählen. Das ist unsere größte Stärke. Zu den wichtigsten Dingen, die wir wählen können, gehört das, was wir sagen. Unsere Sprache zeigt sehr gut, wie wir uns selbst sehen. Pro-aktive Menschen zeichnen sich durch eine pro-aktive Sprache aus – *ich kann, ich werde, ich will*. Reaktive Menschen hingegen haben eine reaktive Sprache – *ich kann nicht, ich muss, wenn doch nur*. Reaktive Menschen glauben, dass sie nicht für das verantwortlich sind, was sie sagen. Sie denken, sie hätten keine Wahl.

Rufen Sie sich bitte zwei oder drei Situationen aus den letzten Wochen ins Gedächtnis, bei denen Sie reaktiv reagiert haben. Beschreiben Sie, was Sie damals *gesagt* haben:

1. ______________________________

____

____

____

2. ______________________________

____

____

____

3. ______________________________

____

____

____

Überlegen Sie sich jetzt pro-aktive Antworten, die Ihnen damals weitergeholfen hätten. Schreiben Sie diese hier auf:

1. ______________________________

____

____

____

2. ____

____

____

____

3. ____

____

____

____

Achten Sie nächste Woche genau auf Ihre Sprache. Ist sie eher proaktiv oder eher reaktiv?

Gibt es etwas in Ihrem Leben, worüber Sie unglücklich oder frustriert sind – Ihre Familie, eine Beziehung, Ihre Arbeit? Weshalb sind Sie unglücklich oder frustriert? Fühlen Sie sich ohnmächtig, hoffnungslos oder ausgenutzt? Beschreiben Sie die Situation:

____

____

____

____

____

____

____

Was genau führt dazu, dass Sie unglücklich oder frustriert sind?

Wie reagieren Sie?

Welche anderen Wahlmöglichkeiten könnte es zwischen Reiz und Reaktion geben?

Wenn diese Situation wieder eintritt, denken Sie bitte daran, dass Sie Ihre Reaktion selbst bestimmen können. Wählen Sie eine der Antworten, die Sie oben aufgeschrieben haben, und handeln Sie entsprechend.

Mithilfe der folgenden sechs MASTER-Schritte können Sie den Augenblick zwischen einem negativen Reiz und Ihrer Reaktion kontrollieren:

1. **M**easure: Messen Sie, wie wichtig die Situation auf einer Skala von 1 bis 5 für Sie ist.
2. **A**ssess: Beurteilen Sie Ihre Reaktion – Frustration, Wut, Angst …
3. **S**ee: Stellen Sie sich das Modell von Reiz und Reaktion in Gedanken vor.
4. **T**hink: Überlegen Sie, wie eine pro-aktive Reaktion aussehen könnte.
5. **E**ngage or exit: Reagieren Sie pro-aktiv oder lösen Sie sich bewusst aus der Situation.
6. **R**eview: Blicken Sie auf Ihr Verhalten zurück. Finden Sie heraus, ob Sie bereits pro-aktiv sind oder ob es noch Verbesserungsmöglichkeiten gibt.

Denken Sie an eine Situation, in der Sie nicht pro-aktiv reagiert haben. Gehen Sie die sechs MASTER-Schritte durch:

Measure / Messen

___

___

___

___

___

___

Assess / Beurteilen

See / Vorstellen

Think / Nachdenken

Engage or exit / Pro-aktiv reagieren oder sich lösen

Review / Zurückblicken

Wäre die Situation anders ausgegangen, wenn Sie die Master-Schritte eingesetzt hätten?

MASTER-CHECKLISTE	IHRE REAKTION
Die Wichtigkeit messen.	
Ihre anfängliche Reaktion beurteilen.	
Sich das Modell von Reiz und Reaktion vorstellen.	
Über eine pro-aktive Reaktion nachdenken.	
Pro-aktiv reagieren oder sich lösen.	
Auf Ihr Verhalten zurückblicken.	

Arbeiten Sie eine Woche lang mit der MASTER-Checkliste. Drücken Sie im Augenblick zwischen Reiz und Reaktion Ihren »Pausen«-Knopf und versuchen Sie, pro-aktiv zu reagieren. Beantworten Sie am Ende der Woche die folgenden Fragen, um Ihre Fortschritte beurteilen zu können:

1. Wie waren die Ergebnisse meiner bewussten, pro-aktiven Reaktionen?

____

____

____

____

2. Was wäre passiert, wenn ich reaktiv reagiert hätte?

____

____

____

____

3. Inwiefern haben meine pro-aktiven Reaktionen mein Leben verbessert?

____

____

____

____

Natürlich erfordert es ein bisschen Zeit und Übung, pro-aktiv zu reagieren. Vielleicht werden Sie auch nicht immer Erfolg haben, doch es ist schon ein großer Schritt, wenn Sie daran denken, dass Sie die Wahl haben.

Wie groß ist Ihr persönlicher Einflussbereich?

> *Wir haben die Kontrolle über drei Dinge: über das, was wir denken, über das, was wir sagen, und über unser Verhalten. Wer in seinem Leben etwas verändern will, muss wissen, dass diese drei Dinge die wirksamsten Werkzeuge sind, um unser Leben selbstbestimmt zu gestalten.*
>
> SONYA FRIEDMAN

Bei den Problemen, Herausforderungen und Chancen, denen wir uns jeden Tag gegenübersehen, können wir zwei Bereiche unterscheiden: unseren Interessenbereich und unseren Einflussbereich. Wir alle haben viele Interessen – unsere Gesundheit, unsere Kinder, Probleme bei der Arbeit, die Staatsverschuldung, der weltweite Terrorismus, das Wetter ... Wenn wir uns diese Liste ansehen, wird deutlich, dass wir über manches keine Kontrolle haben. Doch bei einigen Dingen können wir durchaus etwas bewirken. Genau deshalb konzentrieren proaktive Menschen sich auf ihren Einflussbereich: Sie arbeiten an den Dingen, bei denen sie etwas bewegen können – etwa an ihrer Gesundheit oder ihrer Karriere. Reaktive Menschen hingegen konzentrieren sich auf ihren Interessenbereich. Sie richten ihre ganze Aufmerksamkeit auf Dinge, über die sie keine oder kaum Kontrolle haben: zum Beispiel auf die Staatsverschuldung oder das Wetter. Sich bewusst zu machen, in welchem Bereich wir unsere Energie einsetzen, ist ein Riesenschritt bei der Entwicklung von Pro-Aktivität.

Interessen- oder Einflussbereich? Schreiben Sie auf, welchen Herausforderungen und Problemen Sie sich in dieser Woche gegenübersehen und in welchen Bereich sie fallen. Wie sieht Ihre unmittelbare Reaktion aus?

HERAUSFORDERUNG / PROBLEM	BEREICH	REAKTION
Stau auf dem Heimweg	Interessenbereich	Wut, Fluchen

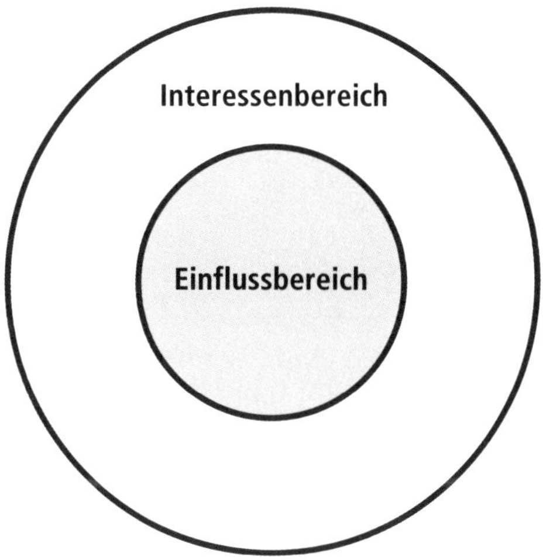

Behalten Sie dieses Modell bitte im Kopf und vergrößern Sie Ihren Einflussbereich, indem Sie aus beiden Bereichen jeweils einen Punkt wählen, an dem Sie in der nächsten Woche arbeiten möchten. Wie werden Sie Ihre Reaktion ändern, um die Herausforderungen, die auf Sie zukommen, effektiver zu meistern?

1. Einflussbereich

____

____

____

____

2. Interessenbereich

____

____

____

____

Ergreifen Sie die Initiative!

Demosthenes, ein Zeitgenosse von Aristoteles, wollte unbedingt Redner werden. Er sprach jedoch undeutlich und stammelte, sodass es nicht so aussah, als würde er seinen Traum jemals verwirklichen können. Doch mit viel Fleiß und großen Anstrengungen gelang es ihm, seine Schwächen zu überwinden. Er steckte sich Kieselsteine in den Mund und lernte so, deutlich zu sprechen. Zudem trainierte er seine Stimme, indem er Reden aufsagte, während er atemlos Treppen hinauf und hinunter rannte.

Gibt es etwas, was Sie schon immer machen wollten? Glauben aber nicht, dass Sie das Talent, die Fähigkeit oder die Zeit dafür haben? Was müssten Sie tun, um Ihre Schwächen zu überwinden? Womit können Sie noch in dieser Woche anfangen?

Haben Sie schon mal versucht, eine Ameise aufzuhalten? Das ist so gut wie unmöglich. Ameisen bleiben nie stehen. Probieren Sie es doch mal aus! Tun Sie so, als wären Sie wieder fünf Jahre alt, und bauen Sie auf dem Weg einer Ameise einen kleinen Berg. Die Ameise wird hinaufsteigen und über die Spitze marschieren, ohne anzuhalten. Sie wird durch ein Loch laufen oder über einen Baumstamm. Und wenn sie nicht durchlaufen kann, wird sie drum herumgehen. Eine Ameise wird nie kehrtmachen – auch wenn sich auf ihrem Weg noch so große Hindernisse auftürmen.

Versuchen auch Sie, die Hartnäckigkeit einer Ameise an den Tag zu legen. Natürlich sollen Sie nicht kopflos handeln, aber Sie sollten Probleme und Herausforderungen mit der Entschlossenheit einer Ameise angehen. Lassen Sie sich nicht aufhalten. Bleiben Sie in Bewegung, treffen Sie pro-aktive Entscheidungen und lernen Sie daraus. Menschen, die geduldig weitermachen, werden schließlich erleben, dass ihre Träume wahr werden.

Sind Sie mutig?

Welche neue Fähigkeit würden Sie sich gerne aneignen?

Wohin würden Sie reisen, wenn Sie an jeden beliebigen Ort der Welt fahren könnten?

Wenn Sie in Ihrem Leben etwas ändern könnten – was wäre das?

Was hält Sie davon ab, Veränderungen in Ihrem Leben anzugehen? Sie haben doch die Wahl! Wie wäre es, wenn Sie Ihr Leben als Kunstwerk betrachten, das gerade im Entstehen ist? Was wäre, wenn jeder Atemzug, jede Handlung Bestandteil eines sich entfaltenden Meisterwerks wäre? Wenn Sie die Schatten und das Licht als Elemente des Gesamtkunstwerks betrachten würden? Wenn Sie all das akzeptieren und sich an seiner Schönheit erfreuen könnten?

Was Sie aus Ihrem Leben machen, hängt ganz von Ihnen ab. Jeder Mensch schafft seine eigene Realität. *Sie* bestimmen über Ihr Leben, das gehört zu Ihren ureigensten Rechten. Viele Menschen bestreiten aber, dass sie das Drehbuch für ihr Leben schreiben können, das sie sich wünschen. Sie erkennen nicht, dass Erfolg oder Misserfolg nicht von den äußeren Umständen abhängt, sondern von unserem Glauben an uns selbst und unserer Bereitschaft, uns ein Leben aufzubauen, das mit unseren tiefsten Wünschen und Sehnsüchten in Einklang steht.

Werden Sie mutig!

Schreiben Sie hier einen Plan auf, mit dem Sie Ihre Antworten auf die Fragen auf den Seiten 51 und 52 Wirklichkeit werden lassen können.

2. Weg

Schon am Anfang das Ende im Sinn haben

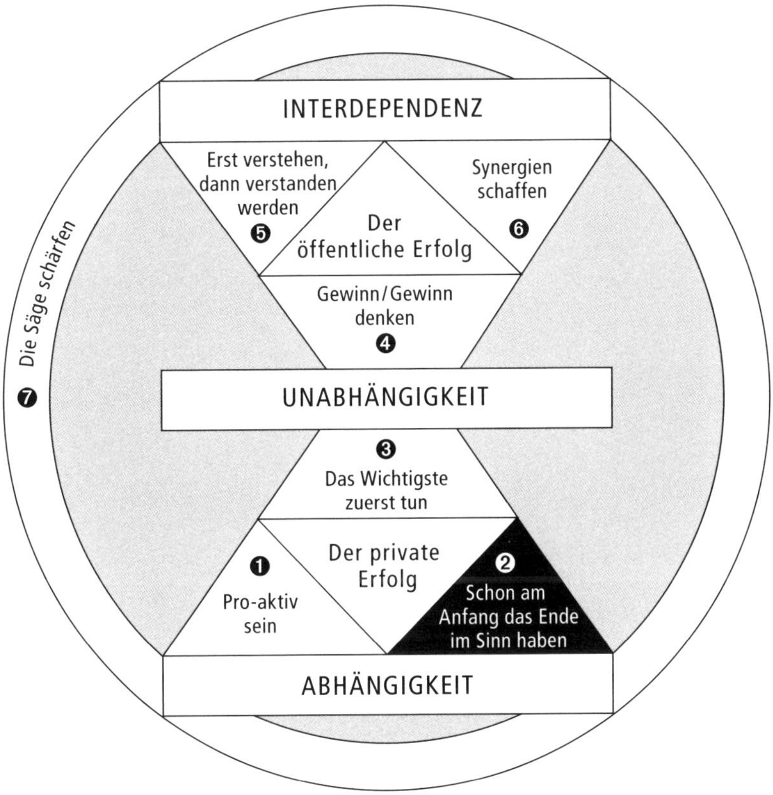

Es ist hilfreich, die Seiten 105 bis 159 in *Die 7 Wege zur Effektivität* zu lesen, bevor Sie mit diesem Kapitel des Workbooks beginnen.

2. Weg: Schon am Anfang das Ende im Sinn haben

Wenn wir uns das, was wir uns wünschen, so vorstellen,
als wäre es bereits Wirklichkeit, öffnen wir die Tür,
um es wahr werden zu lassen.
SHAKTI GAWAIN

Was möchten Sie einmal sein, wenn Sie erwachsen sind? Vielleicht kommt Ihnen diese Frage jetzt ja ein bisschen seltsam vor? Dennoch lohnt es sich, darüber nachzudenken. Sind Sie der Mensch, der Sie sein wollen? Tun Sie das, was Sie schon immer machen wollten? Seien Sie bitte ehrlich – lautet Ihre Antwort Ja?

Das Risiko ist groß, in die Aktivitätsfalle zu tappen und immer härter daran zu arbeiten, die Erfolgsleiter zu erklimmen, nur um auf der obersten Sprosse festzustellen, dass die Leiter an der falschen Mauer lehnt! Manchmal müssen Menschen erkennen, dass sie sinnlose Siege errungen haben: Plötzlich merken sie, dass ihre Erfolge sie etwas gekostet haben, was ihnen unendlich wichtig war. Falls Ihre Leiter nicht vor der richtigen Mauer steht, bringt jeder Schritt Sie nur schneller an den falschen Ort. Ist das nicht traurig?

Der 2. Weg, »Schon am Anfang das Ende im Sinn haben«, beruht auf unserer Vorstellungskraft. Hier geht es um unsere Fähigkeit, Visionen zu haben und mit unserem Verstand das zu schaffen, was wir noch nicht mit unseren Augen sehen können. Der 2. Weg basiert auf dem Prinzip, dass alles zweimal entsteht, dass es bei allem eine erste mentale und eine zweite physische Schaffensphase gibt. Die zweite Schaffensphase ergibt sich aus der ersten – so, wie ein Gebäude aus einem Bauplan entsteht. In Ihrem Leben ist das nicht anders. Wenn Sie sich nicht bewusst machen, wer Sie sind und was Sie in Ihrem Leben wollen, werden andere Menschen oder die Umstände Sie und Ihr Leben formen. Schon am Anfang das Ende im Sinn zu haben bedeutet, jeden Tag, jede Aufgabe und jedes Projekt mit einer klaren Vorstellung von Ihrer Richtung und Ihrem Ziel anzugehen und dann pro-aktiv zu handeln, damit die Dinge tatsächlich geschehen.

So überprüfen Sie Ihre Vision

Jetzt ist es an der Zeit, Ihre persönliche Vision zu überprüfen. Nehmen Sie sich einige Minuten und denken Sie über die folgenden Fragen nach. Schreiben Sie Ihre Gedanken dazu auf:

Was mache ich aus meinem Leben? Bin ich glücklich? Habe ich meine Erfüllung gefunden?

Wozu fühle ich mich hingezogen? Entspricht es dem, was ich im Augenblick mache?

Was habe ich als Kind gern getan? Machen mir diese Dinge auch heute Freude? Tue ich sie immer noch?

Was interessiert mich im Augenblick am allermeisten?

Was erfüllt mich tief in meinem Innersten?

Wobei bin ich wirklich gut? Was sind meine einzigartigen Talente und Stärken?

____

____

____

____

____

So entwickeln Sie Ihr persönliches Leitbild

Eine der besten Methoden, um schon am Anfang das Ende im Sinn zu haben und den 2. Weg fest in seinem Leben zu verankern, ist die Entwicklung eines persönlichen Leitbilds. Ihr Leitbild ist hilft Ihnen, Ihren Blick auf das zu richten, was Sie sein und tun wollen. Es rückt Ihre Ziele in den Mittelpunkt und ist Ihr Plan zum Erfolg. Ein Leitbild ist der Schlüssel, damit Sie zum Gestalter Ihres Lebens werden und Ihre Ideen wahrmachen können. Mit einem Leitbild nehmen Sie Ihr Schicksal selbst in die Hand und sichern sich die Zukunft, die Sie sich wünschen. Und wie sieht es mit Ihrem Leitbild aus? Werfen Sie bitte noch einmal einen Blick auf die Antworten zu den Fragen über Ihre Vision auf Seite 58 und 59. Bestimmt kommt Ihre wahre Mission im Leben so langsam wieder an die Oberfläche.

Am besten, Sie beginnen gleich jetzt damit, an Ihrem Leitbild zu arbeiten. Je eher Sie eine klare Vision von dem haben, was Sie sein und tun wollen, desto effektiver werden Sie in Ihrem Leben sein.

Bitte denken Sie daran, dass ein persönliches Leitbild immer etwas ganz Individuelles ist. Es gibt keine Standardlänge, keine Vorschriften für den Stil. Ihr Leitbild kann ein Gedicht oder ein Lied sein, es kann aus wenigen Sätzen oder mehreren Seiten bestehen. Ein Bildhauer muss seinem Kunstwerk Form, Farbe und Ausdruck verleihen. Genauso ist es mit Ihrem Leitbild. Sie bringen Ihre bisherigen Erfahrungen, Ihr Wissen, Ihre Ideen und Ihre Kreativität ein. Sollte das, was Sie schreiben, für Sie langweilig klingen, dann sind Sie auf dem falschen Weg. Ihr Leitbild muss Sie geradezu mit Emotionen überfluten! Die folgenden sechs Schritte werden Ihnen helfen, Ihr persönliches Leitbild zu entwickeln:

1. Schritt: Sammeln Sie Ihre Ideen

Nehmen Sie sich ein bisschen Zeit und machen Sie ein Brainstorming zu den drei unten angegebenen Themen. Schreiben Sie einfach drauflos – auf Rechtschreibung oder Zeichensetzung kommt es überhaupt nicht an. Auch wenn Ihnen nichts mehr einfällt, sollten Sie nicht einfach aufhören. Machen Sie weiter. Denken Sie daran, dass es hier um ein Brainstorming geht und nicht um die Ausformulierung Ihres endgültigen Leitbilds. Sammeln Sie einfach Ihre Ideen. Nehmen Sie sich für jede Frage zwei bis drei Minuten Zeit.

1. *Wer hat Ihr Leben positiv beeinflusst?*
   Überlegen Sie, wer – vielleicht, ohne es zu wissen – einen positiven Einfluss auf Ihr Leben hatte. Welche Eigenschaften bewundern Sie an diesem Menschen? Was haben Sie von dieser Person gelernt?

2. *Was wollen Sie haben, tun und sein?*
Werfen Sie einen Blick in die Zukunft. Stellen Sie sich vor, dass 20 Jahre vergangen sind. Sie haben alles erreicht, was Sie sich je erhofft hatten. Wie sehen Ihre Leistungen und Erfolge aus? Was wollen Sie haben, tun und sein?

3. *Was ist besonders wichtig für Sie?*
Welche zehn Dinge sind für Sie am wichtigsten überhaupt? Wofür leben Sie? Was lieben Sie in Ihrem Leben?

2. Schritt: Gönnen Sie sich eine kleine Verschnaufpause

Atmen Sie tief durch und entspannen Sie sich. Legen Sie das, was Sie geschrieben haben, einige Minuten zur Seite. Gewinnen Sie ein bisschen Abstand.

3. Schritt: Ordnen Sie Ihre Ideen und Gedanken

Lesen Sie noch einmal durch, was Sie geschrieben haben. Markieren Sie alle Ideen, Wörter und Formulierungen, die Sie in Ihr Leitbild aufnehmen möchten.

4. Schritt: Formulieren Sie einen Rohentwurf

Jetzt ist es an der Zeit für einen ersten Entwurf Ihres Leitbilds. Auf den Seiten 66 und 67 finden Sie Beispiele für persönliche Leitbilder, die Ihnen dabei helfen sollen. Nehmen Sie Ihren Entwurf dann eine Woche lang jeden Tag zur Hand und überarbeiten Sie ihn – ergänzen Sie, streichen Sie oder machen Sie sich Anmerkungen. Wenn Sie wollen, können Sie zwischendurch auch immer wieder einen neuen Entwurf erstellen. Ihr Leitbild wird sich im Laufe der Zeit ändern – genau wie Sie selbst.

Mein Leitbild: Rohentwurf

5. Schritt: Machen Sie Ihr Leitbild komplett

Verfassen Sie nach etwa einer Woche die endgültige Version Ihres Leitbilds. Geben Sie Ihrem Leitbild einen Platz, an dem Sie es jederzeit zur Hand haben. Natürlich können Sie Ihr Leitbild auch hier aufschreiben und dann kopieren.

Mein Leitbild

6. Schritt: Lesen Sie Ihr Leitbild regelmäßig und ziehen Sie Bilanz

Stellen Sie sich etwa einmal im Monat die folgenden Fragen zu Ihrem Leitbild:

- Habe ich das Gefühl, dass dieses Leitbild das Beste in mir widerspiegelt?
- Gibt mein Leitbild mir eine Richtung, ein Ziel, Herausforderungen und Motivation?
- Führe ich mein Leben gemäß den Idealen und Werten meines Leitbilds?

Beispiele für Leitbilder

Beispiel 1

Mein Leben ist ein Abenteuer, das ich in vollen Zügen auskosten und genießen kann. Ich habe ein wichtiges Ziel und eine große Bestimmung. Ich möchte …

- ❒ mich für meine Familie, meine Freunde und meine Mitmenschen einsetzen.
- ❒ junge Menschen unterstützen.
- ❒ lehren.
- ❒ ein Vorbild sein.
- ❒ mit anderen teilen.
- ❒ gesund und stark sein.
- ❒ treu und ehrlich sein.
- ❒ anderen gut zuhören.
- ❒ geduldig sein.
- ❒ in Frieden und Harmonie leben.
- ❒ mich um meine Eltern kümmern.
- ❒ mich immer daran erinnern, wer ich bin, woher ich komme und was mein großes Ziel ist.

Beispiel 2

Meine Mission ist, mich für andere einzusetzen und sie nach Kräften zu unterstützen. Das kann ich nämlich am besten – und ich kann lernen, noch besser zu werden. Ich werde alles tun, um zu lernen. Lernen ist die Grundlage für Wachstum. Wachstum ist der Schlüssel zum Leben. Ich werde mich bemühen, erst zu verstehen. Denn Verstehen ist der Schlüssel, um Werte zu finden. Und Werte sind die Grundlage für alle unsere Entscheidungen und Handlungen. Werte sollen die Grundlage meiner Beziehungen zu meiner Frau, meiner Familie und meinen Mitarbeitern und Kunden sein. Ich werde dazu beitragen, die Weiterentwicklung von Menschen und Organisationen zu fördern. Ich werde meinen Kindern und anderen Menschen beibringen, zu lieben und zu lachen. Ich werde sie ermutigen, zu lernen und über ihre Grenzen hinauszuwachsen. Ich werde persönliche, berufliche und gesellschaftliche Beziehungen aufbauen, indem ich andere unterstütze.

Beispiel 3

> *Dazu beitragen, dass wir Verantwortung füreinander*
> *und für unseren Planeten übernehmen.*
> DALAI LAMA

Rollen und Ziele

Haben Sie Ihr persönliches Leitbild verfasst? Dann kommt nun der nächste wichtige Schritt. Jetzt geht es darum, dass Sie sich mit den Rollen und Zielen in Ihrem Leben befassen. Denn Ihre Rollen und Ziele geben Ihrem Leitbild eine klare Struktur und Richtung.

Rollen

In unserem Leben füllen wir verschiedene Rollen aus. Natürlich hat das nichts mit Schauspielerei zu tun, sondern mit unseren Beziehungen und Verantwortlichkeiten. Vielleicht haben Sie ja eine wichtige Rolle in Ihrer Familie, Ihrem Beruf oder in irgendeinem anderen Bereich inne? Ihre Rolle in der Familie könnten Sie ganz allgemein als »Familienmitglied« definieren – Sie können sie aber auch noch weiter unterteilen, etwa in »Partner / Partnerin« oder »Vater / Mutter«. Auch Ihr Berufsleben kann mehrere Rollen umfassen – beispielsweise eine in der Verwaltung und eine andere im Marketing. Jeder von uns muss seine Rollen so abstecken, dass es für ihn funktioniert.

Listen Sie Ihre Rollen in der Tabelle auf der nächsten Seite auf. Seien Sie nicht enttäuscht, wenn Sie nicht gleich beim ersten Mal alles ganz genau hinbekommen. Schreiben Sie einfach die Rollen auf, die sich richtig für Sie anfühlen. Ganz wichtig: Versuchen Sie, die Zahl der Rollen in Ihrer Tabelle auf höchstens sieben zu beschränken. Falls

Sie mehr als sieben Rollen haben, sollten Sie einige Funktionen miteinander kombinieren. Beschreiben Sie neben den einzelnen Rollen, wie das jeweils optimale Verhalten für Sie aussehen würde.

ROLLENBEISPIELE:

Künstler – Beschützer – Gefährte – Chef – Energiequelle
Freund – Großeltern – Erfinder – Nachbar – Vereinsmitglied
Tochter / Sohn – Lehrer – Trainer – Freiwilliger – Autor

ROLLE	OPTIMALES VERHALTEN IN DIESER ROLLE
Beispiel: Freiwilliger	Beispiel: 2 Stunden pro Woche im Kinderzentrum mithelfen

Das Auflisten Ihrer Rollen hilft Ihnen, Ihr Leben aus den verschiedensten Perspektiven zu betrachten.

Ziele

Wenn Sie Ihre Rollen aufgelistet haben, sollten Sie sich Gedanken über Ihre Ziele machen. Ihre Ziele verleihen Ihrem Leitbild Kraft und Schwung. Viele der Ziele, die sich aus Ihrem Leitbild ergeben, werden langfristig sein. Aber auch kurzfristige Ziele, etwa Wochenziele, sind wichtig und dürfen nicht außer Acht gelassen werden.

So setzen Sie sich Ziele

Denken Sie jetzt bitte an Ziele, die Sie früher einmal hatten. Wahrscheinlich sieht es so aus: Wenn das Ziel nicht mit etwas Bedeutendem für Sie und Ihr Leben verbunden war, haben Sie es nicht erreicht. Nehmen Sie sich einige Minuten Zeit und werfen Sie einen Blick auf Ihr Leitbild. Falls sich das Ganze noch im Entwurfsstadium befinden sollte, macht das gar nichts. Schreiben Sie unten drei langfristige Ziele auf, die Sie wirklich voranbringen werden:

___

Langfristiges Ziel 1

___

Langfristiges Ziel 2

___

Langfristiges Ziel 3

So verwirklichen Sie Ihre Ziele

Was? Warum? Wie? Wann? Diese vier Fragen bringen Sie Ihren Zielen näher!

Was?

Herzlichen Glückwunsch! Sie haben den ersten Schritt auf dem Weg zu Ihren Zielen schon gemacht: das *Was*. Sie haben sich schon drei langfristige Ziele überlegt – drei Ziele, die Ihr Leben mit Ihrem Leitbild in Einklang bringen werden. Übrigens: Falls Sie noch keine langfristigen Ziele festgelegt haben, sollten Sie auf Seite 69 zurückblättern und das unbedingt gleich nachholen.

Warum?

Versuchen Sie in Worte zu fassen, warum Sie ein bestimmtes Ziel verwirklichen wollen. Warum ist es für Sie und Ihre Lebensmission von Bedeutung? Die Frage nach dem *Warum* bringt Klarheit in Ihre Ziele, und Klarheit ist der Schlüssel zu entschlossenem Handeln. Also, denken Sie bitte genau nach, warum Ihre drei langfristigen Ziele wichtig für Sie sind.

Warum mein erstes langfristiges Ziel wichtig für mich ist:

____

____

____

____

____

____

Warum mein zweites langfristiges Ziel wichtig für mich ist:

____

____

____

____

____

Warum mein drittes langfristiges Ziel wichtig für mich ist:

____

____

____

____

____

Wie?

Der nächste Schritt ist das *Wie*. Wie werden Sie Ihr Ziel erreichen? Wie werden Sie den Weg zum Ziel abstecken? Wie werden Sie dafür sorgen, dass Sie Ihr Ziel verwirklichen? Wie werden Sie sich die nötigen Kenntnisse und Fähigkeiten für Ihr Ziel aneignen? Und: Wie werden Sie erkennen, dass Sie am Ziel angekommen sind? Wenn Sie sich Zeit nehmen, über das *Wie* nachzudenken, werden Sie auch erkennen, welche Schritte nötig sind, damit Sie Ihr Ziel verwirklichen können. Das ist der entscheidende Punkt, damit Ihre Ziele nicht bloße Ideen und Träumereien bleiben, sondern Realität werden. Je intensiver Sie über das *Wie* nachdenken, desto leichter wird es Ihnen fallen, eine Liste der Schritte zu erstellen, die Sie zum Ziel führen. Hier ein Beispiel:

Ein Vater beschließt, dass er gerne seine Beziehung zu seinem Sohn verbessern würde. Der Junge hatte in letzter Zeit einige Schwierigkeiten: Seine Noten sind ziemlich schlecht und er hat sich einer fragwürdigen Gruppe von Freunden angeschlossen. Der Vater liebt seinen Sohn und hat das Gefühl, dass ihre Beziehung stärker sein könnte. Über das »Was« und das »Warum« ist er sich im Klaren. Jetzt geht es um das »Wie«. Dazu stellt er sich einige Fragen:

Wie will ich meine Beziehung zu meinem Sohn verbessern?

- *Indem ich Zeit in unsere Beziehung investiere. (Gut. Wie?)*
- *Indem ich gemeinsame Zeit für meinen Sohn und mich reserviere. (Wie willst du das machen?)*
- *Indem ich meinen Terminkalender nehme und Zeit für meinen Sohn blocke. (Klingt gut. Wie?)*
- *Indem ich einen Tag finde, an dem wir beide gemeinsam etwas unternehmen können. (Prima. Wie?)*
- *Indem ich mir etwas Tolles ausdenke und ihn dann mitnehme. (Großartig! Wie?)*
- *Indem ich diesen Samstag eine Wanderung mit ihm mache. (Das ist ein guter Plan. Die Frage bleibt aber: Wie?)*
- *Indem ich mir das fest vornehme, mich vergewissere, dass er Zeit und Lust hat, und meinen Plan dann auch wirklich in die Tat umsetze. (Ausgezeichnet! Gibt es noch mehr »Wies«?)*
- *Indem ich mir jede Woche einige Stunden Zeit für meinen Sohn nehme, damit wir beide etwas unternehmen können. (Brillant. Äh – wie?)*
- *Indem ich ihm sage, dass ich mir das wünsche, sodass wir gemeinsam etwas planen können. (Grandios. Wie?)*
- *Indem ich mir fest vornehme, für seine Vorschläge offen zu sein, sodass ich wirklich anfangen kann, seine Interessen und Ideen zu verstehen.*

Wie erreichen Sie Ihr Ziel?

Suchen Sie sich eines Ihrer langfristigen Ziele aus und spielen Sie damit das *Wie-Spiel*. Machen Sie eine Liste mit den Schritten, die Sie zum Ziel führen sollen. Fragen Sie sich bei jedem *Wie*, was Sie tun müssen, um das Ganze in die Tat umsetzen zu können. Machen Sie es sich dabei nicht zu einfach. Gehen Sie dem *Wie* genau auf den Grund. Fordern Sie Ihren Erfolg ein!

Langfristiges Ziel ______________________________

______________________________ *Wie?*

______________________________ *Wie?*

______________________________ *Wie?*

______________________________ *Wie?*

______________________________ *Wie?*

______________________________ *Wie?*

______________________________ *Wie?*

______________________________ *Wie?*

______________________________ *Wie?*

______________________________ *Wie?*

______________________________ *Wie?*

______________________________ *Wie?*

______________________________ *Wie?*

______________________________ *Wie?*

Wann?

Sicher kennen Sie Menschen, die in der Nacht vor einer Prüfung oder Präsentation noch jede Menge Wissen in sich hineinstopfen und unter Termindruck erst zu Hochform auflaufen. Termindruck?! Ja, Termine können einem jede Menge Stress machen. Aber ohne feste Terminvereinbarungen würden manche Dinge bestimmt nie fertig werden. Deshalb sollten Sie Ihren Träumen ruhig auch Termine geben. Was spricht dagegen, dass Sie Ihre Ziele nicht genauso wichtig wie ein großes Projekt oder einen Auftrag von einem Kunden nehmen und sich dafür klare Deadlines setzen?

Wann wollen Sie am Ziel sein? Setzen Sie sich Termine für Ihre langfristigen Ziele. Blättern Sie zurück auf Seite 69 und geben Sie jedem Ziel einen ganz konkreten Termin. Wenn Sie für Ihre drei langfristigen Ziele Termine gesetzt haben, sollten Sie sich auf das Ziel konzentrieren, das Sie sich für das *Wie-Spiel* ausgesucht haben. Bevor Sie zu einer Reise aufbrechen, müssen Sie ja wissen, wie Ihr Weg aussieht. Sind zum Erreichen Ihres Ziels viele kleine Schritte nötig oder eher einige wichtige Meilensteine? Überlegen Sie sich alle erforderlichen Etappen und schreiben Sie Ihre Gedanken unten auf. Notieren Sie wirklich alles – vom kurzen Telefonat über die Budgetplanung bis zur Delegation von Aufgaben. Vielleicht müssen Sie irgendetwas kaufen, mit Beratern sprechen oder sich die Unterstützung von Kollegen oder Freunden sichern? Was wird Sie von hier nach dort bringen? Sehen Sie sich Ihre *Wie-Liste* noch mal an – vielleicht haben Sie einige wichtige Schritte ja schon ermittelt!

Welche Schritte führen Sie ans Ziel?

Wenn Sie den Weg zum Ziel kennen, dann sollten Sie die einzelnen Schritte ordnen. Verteilen Sie klare Prioritäten. Welcher Schritt kommt zuerst? Welche Dinge müssen bald erledigt werden? Was kann noch warten? Legen Sie eine sinnvolle Reihenfolge fest und dann starten Sie durch!

Bringen Sie alles zusammen!

Auf der nächsten Seite finden Sie ein Tool für Ihre Zielplanung. Hier können Sie alle Schritte für die Zielerreichung zusammenfügen. Schreiben Sie dort, wo »Langfristiges Ziel« steht, das Ziel auf, das Sie für das *Wie-Spiel* gewählt haben. Neben »Termin« tragen Sie den von Ihnen gesetzten Termin ein. Fassen Sie dann unter »Bedeutung für meine Mission / meine Rollen« Ihre *Warum-Antworten* zusammen. Listen Sie anschließend unter »Schritte« die Etappen auf dem Weg zu Ihrem Ziel auf. Denken Sie bitte daran, alles in der richtigen Reihenfolge einzutragen. Geben Sie zum Schluss jedem Schritt einen konkreten Termin und tragen Sie ihn in die Spalte »Termine« rechts unten ein.

Jetzt liegt es an Ihnen! Wenn Sie für Ihr Ziel das *Was*, das *Warum*, das *Wie* und das *Wann* festgelegt haben, sind Sie bereits auf dem Weg zum Erfolg. Ganz wichtig: Nutzen Sie die vier W-Fragen für alle Ihre Ziele.

Sobald Sie Ihr Ziel in Teilschritte untergliedert haben, können Sie die einzelnen Etappen in Ihren Wochenplan und in Ihren Tag einbauen. Überlegen Sie: Was können Sie heute, morgen oder in der nächsten Woche tun, um Ihrem Ziel näher zu kommen? Versuchen Sie jetzt doch mal, die ersten drei Schritte auf Ihrer Liste in Ihre Zeitplanung einzubauen – nur die ersten drei! Der Rest kommt später. Legen Sie mit den ersten drei Schritten los! Bewegen Sie sich jeden Tag ein Stückchen auf Ihr Ziel zu – und lassen Sie nicht nach, dann werden Sie garantiert Erfolg haben!

Zielplanung

Langfristiges Ziel (Was?) ______________________________

____

____

____

______________________________ Termin (Wann?) ______________

Bedeutung für meine Mission/meine Rollen (Warum?) ______________

____

____

	Schritte (Wie?)	Termine (Wann?)

3. Weg

Das Wichtigste zuerst tun

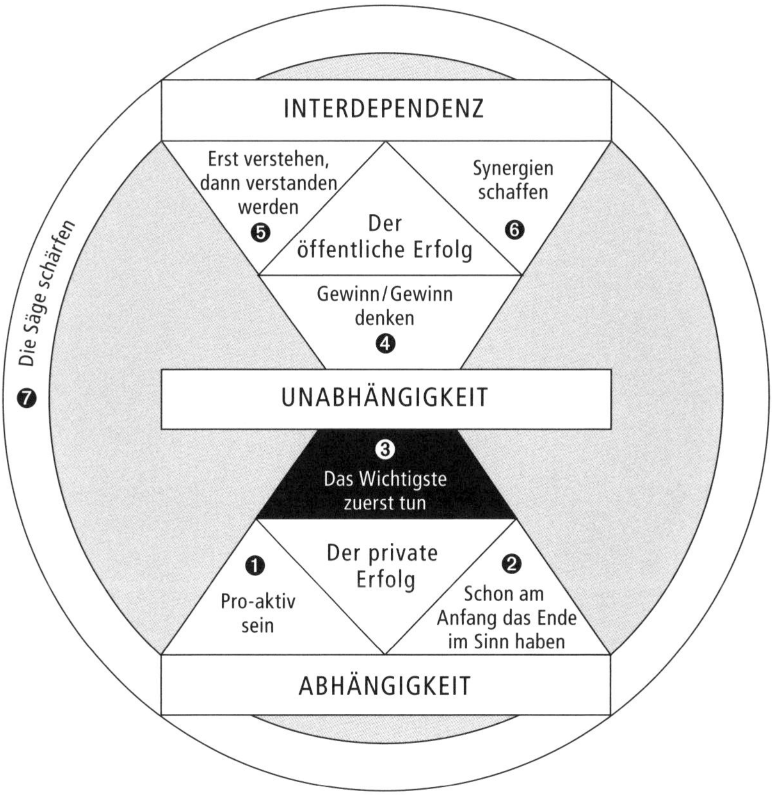

Es ist hilfreich, die Seiten 161 bis 199 in *Die 7 Wege zur Effektivität* zu lesen, bevor Sie mit diesem Kapitel des Workbooks beginnen.

3. Weg: Das Wichtigste zuerst tun

Jeder Tag hat seinen eigenen Zweck und fügt sich in den großen Plan unseres Lebens. Auch dieser Augenblick trägt Spuren unseres Lebenssinns in sich – an Stellen, an denen wir unsere gesamte Aufmerksamkeit bündeln oder in Worten und Ideen, die ein aufregendes Prickeln und Hoffnung in unsere Herzen bringen.
CAROL ADRIENNE

Um ein ausgewogeneres Leben führen zu können, sollten Sie sich klarmachen, dass Sie nicht alle Aufgaben, die an Sie herangetragen werden, erledigen müssen. Sie müssen sich nicht bis an den Rand der Erschöpfung treiben lassen. Sie haben das Recht, auch einmal Nein zu sagen und sich auf Ihre ureigensten Prioritäten zu konzentrieren. Dazu müssen Sie allerdings herausfinden, wer Sie sind und was Sie wollen.

Der 1. Weg »Pro-aktiv sein« besagt: Sie sind der Gestalter Ihres Lebens. Sie haben das Sagen und die Freiheit zu wählen. Beim 2. Weg »Schon am Anfang das Ende im Sinn haben« dreht sich alles um unsere Visionen. Beim 3. Weg »Das Wichtigste zuerst tun« laufen der 1. und der 2. Weg zusammen. Hier geht es nicht nur um Zeitmanagement, sondern auch um Lebensmanagement – um den Sinn Ihres Lebens, Ihre Werte, Rollen und Prioritäten.

Was ist das Wichtigste für Sie?

Was ist das Wichtigste? Ganz einfach: Das sind die Dinge, die Sie persönlich am lohnenswertesten finden. Wenn Sie das Wichtigste zuerst tun, haben Ihre Prioritäten automatisch Vorfahrt. Dann stellen Sie bei Ihrer Zeitplanung und Organisation die persönlichen Prioritäten, die Sie beim 2. Weg festgelegt haben, in den Mittelpunkt.

Der erfolgreiche Mensch hat die Eigenschaft, die Dinge zu tun, die die Versager nicht gerne tun. Die Erfolgreichen tun sie auch nicht notwendigerweise gern. Aber ihre Abneigung ist der Kraft ihrer Sinnerfüllung untergeordnet.

E. M. GRAY

Wir verbringen unsere Zeit im Grunde mit vier verschiedenen Aufgabentypen. Das zeigt die unten abgedruckte »Zeitmanagement-Matrix«, in der Aktivitäten als »dringend« oder »nicht dringend«, »wichtig« oder »nicht wichtig« definiert werden. Lassen Sie uns einmal nachsehen, in welchem Quadranten Sie den größten Teil Ihrer Zeit verbringen!

ZEITMANAGEMENT-MATRIX

	DRINGEND	**NICHT DRINGEND**
WICHTIG	**I** TÄTIGKEITEN: • Krisen • Dringliche Probleme • Projekte mit anstehendem Abgabetermin	**II** TÄTIGKEITEN: • Vorbeugung, PK-Tätigkeiten • Beziehungsarbeit • Neue Möglichkeiten ausloten • Planung, Erholung
NICHT WICHTIG	**III** TÄTIGKEITEN: • Unterbrechungen, einige Anrufe • Manche Post, einige Berichte • Einige Meetings • Unmittelbare, dringliche Angelegenheiten • Beliebige Tätigkeiten	**IV** TÄTIGKEITEN: • Triviales, Geschäftigkeiten • Manche Post • Einige Anrufe • Zeitverschwender • Angenehme Tätigkeiten

Die Zeitmanagement-Matrix: Schnell-Check

Dieses Tool hilft Ihnen, ganz schnell abzuschätzen, wie viel Prozent Ihrer Zeit und Energie Sie in den einzelnen Quadranten der Zeitmanagement-Matrix verbringen. Kreisen Sie bei den acht Punkten auf der nächsten Seite jeweils Ihre Antwort ein.

FRAGEN	TRIFFT ABSOLUT NICHT ZU	TRIFFT NICHT ZU	TRIFFT SELTEN ZU	TRIFFT ÖFTER ZU	TRIFFT MEISTENS ZU	TRIFFT IMMER ZU
1. Ich verbringe den Großteil meiner Zeit mit wichtigen Aktivitäten, die sofort erledigt werden müssen – etwa mit Krisen, dringlichen Problemen oder Projekten, deren Abgabetermin kurz bevorsteht.	1	2	3	4	5	6
2. Ich habe das Gefühl, dass ich ständig den Feuerlöscher schwinge und Krisenmanagement betreibe.	1	2	3	4	5	6
3. Ich glaube, dass ich viel Zeit verschwende.	1	2	3	4	5	6
4. Ich wende einen großen Teil meiner Zeit für Aktivitäten auf, die nicht wichtig für meine Topprioritäten sind, aber meine sofortige Aufmerksamkeit erfordern – etwa unnötige Unterbrechungen oder unwichtige Meetings, Anrufe und E-Mails.	1	2	3	4	5	6
5. Ich brauche viel Zeit für Dinge, die wichtig, aber nicht dringend sind – etwa Planung, Vorbereitung, Vorbeugung, Beziehungsarbeit und Selbst-Erneuerung.	1	2	3	4	5	6
6. Ich verbringe viel Zeit mit absolut unwichtigen Beschäftigungen – allen voran fernsehen, E-Mails und Internet oder Computerspiele.	1	2	3	4	5	6
7. Ich habe meine Zeit gut im Griff – dank sorgfältiger Vorbereitung und Planung.	1	2	3	4	5	6
8. Ich beschäftige mich ständig mit Dingen, die zwar für andere wichtig sind, aber nicht für mich.	1	2	3	4	5	6

Auswertung

1. Kreisen Sie bei den acht Fragen auf der vorigen Seite jeweils die Zahl ein, die zu Ihrer Antwort gehört.
2. Ermitteln Sie Ihre Ergebnisse für die einzelnen Quadranten, indem Sie Ihre Punkte für die entsprechenden Antworten zusammenzählen.
3. Schraffieren Sie in den einzelnen Quadranten die Bereiche, die Ihrem Gesamtwert entsprechen.

Beispiel:
Frage: 1 = 2
Frage: 2 = 4
Total = 6

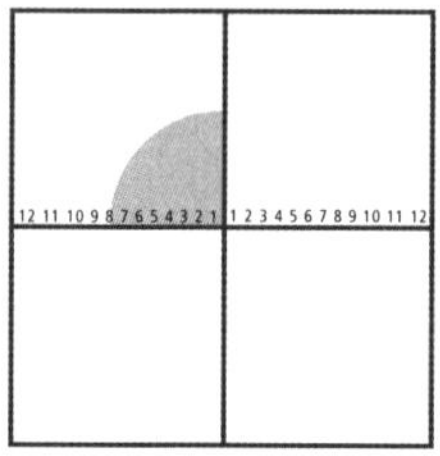

Frage: 1 = ___
Frage: 2 = ___
Gesamtwert= ___

Frage: 5 = ___
Frage: 7 = ___
Gesamtwert= ___

Frage: 4 = ___
Frage: 8 = ___
Gesamtwert= ___

Frage: 3 = ___
Frage: 6 = ___
Gesamtwert= ___

Wirklich effektive Menschen managen in Wirklichkeit gar nicht ihre Zeit, sondern sich selbst. Allerdings wirbelt der größte Teil der Welt in Quadrant I herum, reagiert auf dringende Dinge und befasst sich mit einer Krise nach der anderen. Ganz anders sieht es dagegen bei den Menschen aus, die ihre Zeit überwiegend in Quadrant II verbringen. Sie führen ein ausgewogenes, ruhiges und geordnetes Leben, weil sie sich bei der Planung und Umsetzung an ihren Topprioritäten orientieren.

Wirklich effektive Menschen können sich und ihre Zeit so gut managen, weil sie sich an die 7 *Wege* halten, bei denen es sich immer um Quadrant-II-Aktivitäten handelt. Bei allen 7 *Wegen* geht es um grundlegende Dinge, die sich enorm positiv auf die Lebensqualität auswirken, wenn man sie regelmäßig macht.

Die 7 Wege – Quadrant-II-Aktivitäten

1. *Weg: Pro-aktiv sein.*
   Quadrant II gibt uns die Möglichkeit, pro-aktiv an die Dinge heranzugehen, wohingegen wir in den Quadranten I und III nur reagieren. In Quadrant II erkennen wir: Ich kann selbst über meine Zeit bestimmen und frei entscheiden, wie ich mit den äußeren Umständen in meinem Leben umgehe.

2. *Weg: Schon am Anfang das Ende im Sinn haben.*
   Sich Zeit zu nehmen und sein persönliches Leitbild zu entwickeln, ist ebenfalls eine Quadrant-II-Aktivität. Ein gutes Leitbild ist für effektive Menschen der Wegweiser, der ihnen zeigt, welche Dinge wichtig sind und wo es sich wirklich lohnt, die Initiative zu ergreifen und zu handeln. Wer den größten Teil seiner Zeit in den Quadranten I und III verbringt, hat kein Ziel vor Augen und segelt ohne Karte und Kompass durchs Leben.

3. *Weg: Das Wichtigste zuerst tun.*
   Dieser Weg ist die Essenz von Quadrant II – wir müssen die Dinge an die erste Stelle setzen, die wichtig sind und im Einklang mit unserem Leitbild stehen. Der 3. Weg hilft uns, unseren Topprioritäten Vorrang zu geben. Menschen, die ihre Zeit in Quadrant I und III verbringen, verschwenden ihre Zeit mit dringenden, aber meist völlig belanglosen Aktivitäten.

4. *Weg: Gewinn/Gewinn denken.*
   Auch die Entwicklung von Gewinn/Gewinn-Vereinbarungen ist eine klassische Quadrant-II-Aktivität. Sie erfordert nicht nur auf-

richtiges Bemühen, sondern auch gute Kommunikationsfertigkeiten und einen hohen Vertrauensgrad. Quadrant III und IV dagegen können zum genauen Gegenteil führen: Gewinn / Verlust oder Verlust / Gewinn.

5. *Weg: Erst verstehen, dann verstanden werden.*
Menschen mit einer Quadrant-I-Denkweise geht es vor allem darum, verstanden zu werden. Doch das führt unweigerlich zu Konflikten und zum Zusammenbruch der Kommunikation. Menschen mit einer Quadrant-II-Denkweise dagegen stellen sich selbst zurück und wollen den anderen erst verstehen. Das erfordert eine gute Beobachtungsgabe und einfühlendes Zuhören und ist der Schlüssel zu effektiver Kommunikation.

6. *Weg: Synergien schaffen.*
In Quadrant I funktionieren die Leute unabhängig voneinander. Sie wehren sich gegen Input von anderen und sind ausschließlich auf Effizienz fokussiert: Sie wollen ihre Aufgaben möglichst schnell und konfliktfrei erledigen. Das Ergebnis ist gewöhnlich ein mittelmäßiges Produkt oder eine zweitklassige Dienstleistung. Ganz anders sieht es bei Menschen mit einer Quadrant-II-Denkweise aus: Sie holen sich Feedback von anderen Leuten. Denn das führt zu besseren Lösungen oder erstklassigen Produkten und Dienstleistungen.

7. *Weg: Die Säge schärfen.*
Da Selbst-Erneuerung keine dringende Sache ist und zudem Zeit kostet, vernachlässigen die meisten Menschen den 7. Weg. Doch sich Zeit für das Schärfen der Säge zu nehmen ist eine grundlegende Quadrant-II-Aktivität, die Auswirkungen auf alle anderen Wege hat.

So gewinnen Sie Zeit für Ihre Prioritäten

Sehen Sie sich Ihr Leitbild, Ihre Rollen, Ihre Ziele und Ihren aktuellen Wochenplan an. Was sind Ihre drei Topprioritäten für diese Woche? Am besten, Sie schreiben sie gleich auf – denn das sind Ihre Quadrant-II-Aktivitäten:

1. ____

2. ____

3. ____

ZEITMANAGEMENT-MATRIX

	DRINGEND	**NICHT DRINGEND**
WICHTIG	**I**	**II**
NICHT WICHTIG	**III**	**IV**

Achten Sie in der nächsten Woche darauf, wie Sie Ihre Zeit verbringen. Schreiben Sie Ihre Aktivitäten in die entsprechenden Quadranten der obigen Zeitmanagement-Matrix.

Haben Sie ausreichend Zeit für Ihre Quadrant-II-Prioritäten gefunden? Nein?! Dann sollten Sie sich fragen: Warum nicht?

Machen Sie einen Plan, wie Sie Ihre Quadrant-II-Prioritäten in der nächsten Woche besser umsetzen können. Übertragen Sie das Ganze in Ihren Kalender und legen Sie entsprechende Termine fest.

So finden Sie Ihr großes Ziel

Nun wissen Sie, in welchen Quadranten Sie den Großteil Ihrer Zeit verbringen. Wäre es nicht schön, jetzt die Messlatte ein bisschen höher zu legen? Würden Sie sich nicht gern aus Quadrant I, III und IV zurückziehen und sich verstärkt auf Quadrant-II-Aktivitäten konzentrieren? Lassen Sie uns gemeinsam herausfinden, wie Sie das schaffen.

> *Irgendwann in Ihrem Leben werden Sie auf eine Reise gehen.*
> *Es wird die längste Reise sein, die Sie je gemacht haben:*
> *die Reise zu sich selbst.*
> KATHERINE SHARP

Wohin führt Ihre Reise? Welche kleinen Dinge blockieren Ihre Energie? Welches große Ziel haben Sie? Nehmen Sie sich ein paar Minuten Zeit und notieren Sie, auf welcher Etappe Ihrer Reise Sie sich gerade befinden:

Fällt Ihnen das schwer? Trösten Sie sich – das geht vielen so. Aber wenn Sie darüber nachdenken, wo Sie gerade stehen und was »das Wichtigste« für Sie ist, wird Sie das bestimmt weiterbringen. Also, beantworten Sie die folgenden Fragen:

1. Wollen Sie Ihr großes Ziel auch weiterhin verfolgen? Falls ja: Weshalb? Falls nein: Weshalb nicht?

2 Was läuft gut in Ihrem Leben, was nicht?

3. Was wollen Sie in Ihrem Leben ändern?

4. Notieren Sie einige kleine Veränderungen, die Sie jetzt gleich vornehmen können. Aber muten Sie sich nicht zu viel zu. Wer versucht, alles auf einmal zu machen, ist schnell überfordert.

5. Haben Sie einige Dinge aufgeschrieben, die Sie gleich verändern können? Gut, dann überlegen Sie sich jetzt mehrere realistische, langfristige Ziele, die Sie auf Ihrer Reise voranbringen werden. Wenn Sie möchten, können Sie sich dazu Ihre Ziele vom 2. Weg noch einmal ansehen.

6. Wie wollen Sie sich selbst dazu verpflichten, dass Sie Ihre Ziele auch konsequent verfolgen?

Lassen Sie sich auf Ihrem Weg immer von Ihrer inneren Stimme leiten. Kümmern Sie sich nicht darum, was andere von Ihrem Wunsch halten, sich und Ihr Leben zu ändern. Glauben Sie fest daran, dass alles möglich ist, wenn Sie »auf Kurs« sind.

So kommen Sie Ihren Werten auf die Spur

Haben Sie festgestellt, dass einige Ihrer Werte ins Spiel kamen, als Sie die Fragen zu Ihrem großen Ziel beantwortet haben? Das ist keine Überraschung, denn Ihr großes Ziel wird in vielerlei Hinsicht von Ihren Werten geprägt. Aber: Richten Sie Ihr Leben auch an Ihren Werten aus?

> *Effektive Selbstmanager sind Anhänger ihrer eigenen tiefen Werte. Und sie haben den festen Willen, diesen Werten ihre Gefühle, Impulse und Stimmungen unterzuordnen.*
>
> STEPHEN R. COVEY

Beantworten Sie die folgenden Fragen und achten Sie darauf, welche Themen dabei mehrmals vorkommen:

1. Welchen Beitrag wollen Sie leisten?

2. Was interessiert Sie am meisten?

3. Wofür empfinden Sie Leidenschaft?

4. Was ist Ihnen wichtig?

5. Was wollen Sie erreichen?

6. Woran glauben Sie?

7. Worin liegt Ihr Potenzial?

8. Wofür stehen Sie?

9. Welche Werte sind Ihnen am wichtigsten?

Bekommen Sie allmählich ein Gefühl dafür, wo Sie stehen, welche Werte Ihnen wichtig sind und was Ihr großes Ziel ist? Es ist nicht einfach, sich das eigene Leben genau anzusehen. Doch nur so können Sie herausfinden, wo Ihre Prioritäten wirklich liegen.

So bestimmen Sie Ihre Lebensrollen

Im Leben vieler Menschen kommt irgendwann der Punkt, an dem sie die Rollen, die sie für sich gewählt haben, nicht mehr spielen können. Wenn das passiert, sind wir wie Schauspieler, die feststellen müssen, dass das Stück geändert wurde.
BRIAN MOORE

Im Zusammenhang mit dem 2. Weg haben Sie die Rollen aufgelistet, die Sie jeden Tag ausfüllen. Wie passen diese Rollen zum 3. Weg und zu dem, was für Sie das Wichtigste ist? Das können Sie ganz leicht herausfinden, wenn Sie sich Ihre Wochenplanung ansehen. Denn: Hier sollten unbedingt Aktivitäten in allen Schlüsselrollen zum Zug kommen.

Erstellen Sie eine Liste mit Ihren wichtigsten Rollen und schreiben Sie jeweils eine Aktivität auf, die Sie in der kommenden Woche dafür einplanen wollen. Denken Sie daran, dass Sie nicht für alle Rollen eine bestimmte Aufgabe oder einen festen Termin brauchen. Sie könnten beispielsweise für Ihre Rolle als Vater oder Mutter aufführen, dass Sie ein besserer Zuhörer sein wollen. Die entscheidende Frage lautet: »Was ist das Wichtigste, was ich nächste Woche für diese Rolle machen kann?«

Übertragen Sie jetzt das, was Sie geschrieben haben, in Ihre Wochenplanung.

1. ____

2. ____

3.

4.

5.

6. ____

____

____

____

____

7. ____

____

____

____

____

So bestimmen Sie Ihre Prioritäten

> *Der Schlüssel liegt nicht darin, Prioritäten für das zu setzen, was auf Ihrem Terminplan steht, sondern darin, Termine für Ihre Prioritäten festzusetzen.*
>
> STEPHEN R. COVEY

Finden Sie die Vorstellung, Ihr Leben um Ihre wichtigsten Prioritäten herum zu organisieren, etwas befremdlich? Keine Angst! Wenn Sie sich über Ihre Prioritäten im Klaren sind, wird Sie das auf Ihrer Reise richtig voranbringen! Was sind Ihre fünf Topprioritäten? Schreiben Sie sie auf der nächsten Seite auf:

1. ______________________________

2. ______________________________

3. ______________________________

4. ______________________________

5. ______________________________

Ist es realistisch, dass Sie sich ausreichend Zeit für diese fünf Prioritäten nehmen können? Das geht nur, wenn Sie andere Aufgaben abgeben. Haben Sie schon darüber nachgedacht, was Sie delegieren könnten?

Manche Leute denken, delegieren bedeutet, die Kontrolle zu verlieren oder zuzugeben, dass man überfordert ist und nicht alles schaffen kann. Aber was macht es schon, wenn Sie nicht alles schaffen? Es ist völlig normal, dass niemand immer alles perfekt erledigen kann. Wenn Sie die eine oder andere Aufgabe delegieren, können Sie Ihre ganze Energie in Ihre Topprioritäten stecken.

Sehen Sie sich die Liste mit Ihren fünf Topprioritäten noch einmal an. Denken Sie ein paar Minuten lang intensiv nach und ordnen Sie Ihre Prioritäten dann nach ihrer Wichtigkeit. Schreiben Sie Ihre neue Liste hier auf:

1. ______________________________

2. ______________________________

3. ______________________________

4. ______________________________

5. ______________________________

Betrachten Sie jetzt Ihre Prioritäten Nummer vier und fünf. Könnten Sie zumindest einen kleinen Teil der damit verbundenen Aktivitäten delegieren, sodass auch diese Dinge vorankommen, ohne dass Sie selbst allzu viel Energie dafür aufwenden müssen? Überlegen Sie, was Sie abgeben könnten und an wen?

____

____

____

____

____

Gibt es auch bei Ihren ersten drei Prioritäten etwas, was Sie delegieren könnten? Dann schreiben Sie es jetzt auf:

____

____

____

____

____

Effektiv zu delegieren ist vielleicht die wichtigste Tätigkeit, die es gibt.

STEPHEN R. COVEY

So bauen Sie Vertrauen zu anderen auf

Haben Sie bei den letzten Fragen auch gedacht, dass es niemanden gibt, der Ihnen Aufgaben abnehmen kann? Vielleicht glauben Sie ja, dass es schneller und einfacher geht, wenn Sie alles selbst erledigen? Damit nehmen Sie den anderen jedoch die Möglichkeit, zu wachsen und sich weiterzuentwickeln.

Vertrauen zu anderen aufzubauen braucht viel Zeit und Geduld. Doch wenn Sie auf »Verantwortungs-Delegation« setzen und nicht auf »Aufgaben-Delegation«, dann gewinnen alle Beteiligten. Wenn Sie sich jetzt die Zeit nehmen und andere dazu befähigen, Ihnen Aufgaben abzunehmen, wird das langfristig zu einer großen Zeitersparnis für Sie führen.

Überlegen Sie, welche Aufgaben Sie anderen übertragen wollen. Für welche Art der Delegation haben Sie sich entschieden – für Verantwortungs- oder für Aufgaben-Delegation?

Betrachten Sie Ihre Liste jetzt aus der Perspektive der Verantwortungs-Delegation. Beginnen Sie damit, Vertrauen aufzubauen, indem Sie anderen Wachstumschancen bieten. Welche Veränderungen wollen Sie beim Delegieren vornehmen? Schreiben Sie diese Veränderungen hier auf und setzten Sie das Ganze dann in die Tat um:

So funktioniert Ihre Wochenplanung

Jetzt sind Sie sich über Ihr großes Ziel, Ihre Werte, Rollen und Topprioritäten im Klaren. Aber wie können Sie nun dafür sorgen, dass das Wichtigste tatsächlich zuerst kommt und auch an erster Stelle bleibt? Am besten geht das mithilfe der Wochenplanung.

Es gibt viele verschiedene Planungsinstrumente, die Sie für Ihre Wochenplanung nutzen können. Egal ob Sie Ihre Zeitplanung handschriftlich in Ihren Kalender eintragen oder Ihre Termine via PC oder Smartphone planen – wichtig ist, dass Sie ein Planungsinstrument nutzen, das Ihnen liegt. Nur so können Sie Ihr Leben in Balance halten und genügend Zeit für Ihre Rollen und Prioritäten gewinnen. Sie brauchen ein Instrument, das Ihnen hilft, sich nicht nur auf einzelne Tage, sondern auf die ganze Woche zu konzentrieren. Die zeitliche Organisation Ihrer Prioritäten sollte aus der Wochenperspektive erfolgen.

Damit die Dinge, die Ihnen am wichtigsten sind, auch an erster Stelle bleiben, sollten Sie jede Woche 20 bis 30 Minuten für Ihre Planung reservieren. Am besten, Sie gehen dabei folgendermaßen vor:

1. Schreiben Sie Ihre Schlüsselrollen auf.
2. Wählen Sie ein bis zwei Topprioritäten aus, auf die Sie sich in dieser Woche besonders konzentrieren wollen.
3. Denken Sie nach, was in dieser Woche alles ansteht, und legen Sie für Ihre Aufgaben konkrete Erledigungstermine fest.
4. Aktualisieren und ergänzen Sie Ihren Plan täglich und setzen Sie klare Prioritäten.

DRITTER TEIL

Der öffentliche Erfolg

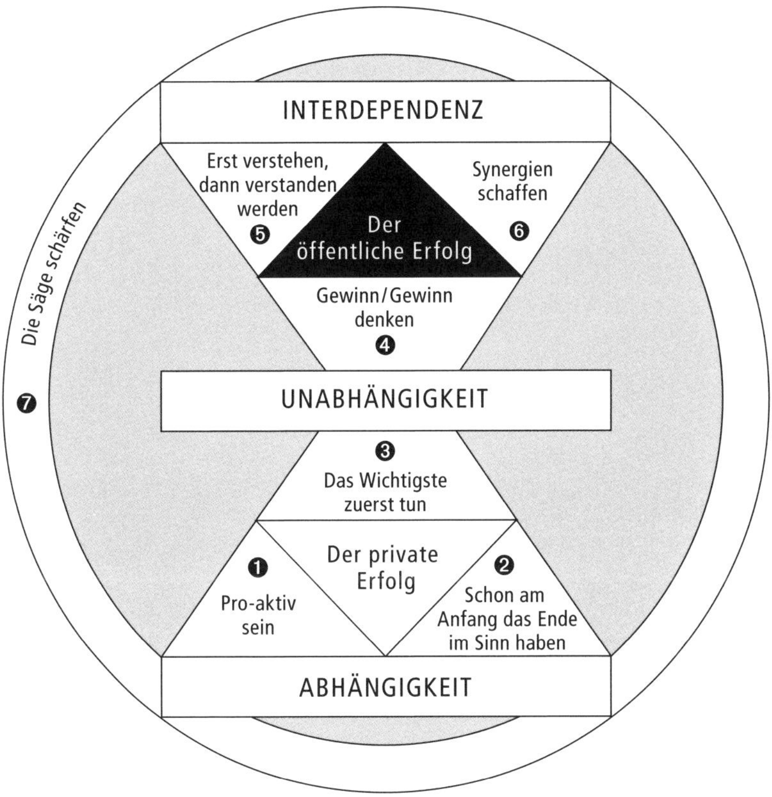

Es ist hilfreich, die Seiten 201 bis 224 in *Die 7 Wege zur Effektivität* zu lesen, bevor Sie mit diesem Kapitel des Workbooks beginnen.

Bestandsaufnahme: Ziehen Sie Bilanz

Ziehen Sie Bilanz und betrachten Sie die Strecke, die Sie bisher zurückgelegt haben. Wie Sie ja wissen, beruhen die *7 Wege* auf einem »Vorgehen von innen nach außen«. Die drei ersten Wege sind auf den inneren Bereich gerichtet. Das heißt, dass Sie sich bisher ganz auf sich selbst konzentriert haben. Hat sich das nicht gut angefühlt? Die ersten drei Wege haben Ihnen mehr Selbstachtung und Selbstdisziplin gebracht und die Basis für Ihren privaten Erfolg geschaffen. Jetzt haben Sie nicht mehr das Gefühl, ein Opfer der äußeren Umstände zu sein. Sie machen nicht mehr die Schwächen der anderen oder das Schicksal für Ihre momentane Situation verantwortlich. Nein, Sie haben sich bewusst entschieden, sich auf Ihre Prioritäten und Werte zu konzentrieren. Sie haben gelernt, wie Sie diese Prioritäten in den Mittelpunkt Ihres Lebens stellen und Ihre Ziele in die Tat umsetzen können. Sie wissen: Die Beherrschung des Ich ist die Grundlage für gute Beziehungen zu anderen. Sie können bei anderen Menschen nur Erfolg haben, wenn Sie zuerst an sich selbst arbeiten. Das ist ein fundamentaler Paradigmenwechsel!

Nach Ihrem privaten Erfolg werden die Wege 4 bis 6 Sie zum öffentlichen Erfolg führen. Sie werden Ihnen helfen, den Schritt vom Innen zum Außen zu machen und gute und beständige Beziehungen zu anderen Menschen aufzubauen.

Das emotionale Beziehungskonto

Bevor wir uns mit den Wegen 4 bis 6 beschäftigen, möchte ich Ihnen erst einmal das emotionale Beziehungskonto vorstellen.

EINZAHLUNGEN (+)	ABHEBUNGEN (–)
Anderen kleine Gefälligkeiten erweisen	Nur an sich selbst denken
Versprechen halten	Versprechen brechen
Erwartungen erfüllen	Erwartungen nicht erfüllen
Nicht über Abwesende herziehen	Über Abwesende lästern
Sich bei anderen entschuldigen	Stolz, arrogant oder eingebildet sein

Das emotionale Beziehungskonto zeigt, wie viel Vertrauen man in einer Beziehung aufbaut. Wie bei einem Bankkonto kann man auch hier Einzahlungen und Abhebungen tätigen. Wenn man etwas Gutes für einen anderen tut, kann das in den Augen dieser Person eine große Einzahlung sein. Durch Einzahlungen baut man ein Guthaben an gutem Willen und Vertrauen auf. Verhält man sich jedoch negativ gegenüber anderen, ist das eine Abhebung. Wenn die Abhebungen die Einzahlungen übersteigen, dann hat man das Beziehungskonto überzogen und das Vertrauen sinkt. Deshalb ist es unheimlich wichtig, dass wir bei unseren Beziehungen kontinuierlich Einzahlungen vornehmen. Nur so können wir eine hohe Vertrauensebene schaffen und erhalten.

Zwei Schlüssel für Einzahlungen

1. Schlüssel:

Einzahlungen müssen oft und regelmäßig erfolgen.

Mit unseren Beziehungen ist es wie mit unserem Körper. Wenn wir gesund und leistungsfähig bleiben wollen, brauchen wir regelmäßig Nahrung. Auch unsere Beziehungen brauchen Nahrung. Je enger sie sind, desto häufiger müssen die Einzahlungen erfolgen.

Bewertung emotionaler Beziehungskonten

Name des Betreffenden: ______________________

Betrachten Sie Ihren Kontostand bei dieser Person, indem Sie sich Ihre Einzahlungen und Abhebungen einmal genauer ansehen. Kennzeichnen Sie die Einzahlungen mit einem (+), die Abhebungen mit einem (–). Überlegen Sie, wie Sie Abhebungen in Zukunft vermeiden. Was können Sie tun, um Einzahlungen zu machen oder das Vertrauen wiederherzustellen?

Einzahlungen und Abhebungen	(+) (–)	Was kann ich tun, um Einzahlungen vorzunehmen oder das Vertrauen wiederherzustellen?
Kleine Gefälligkeiten erweisen		
Versprechen halten		
Erwartungen erfüllen		
Nicht hinter seinem Rücken über den anderen lästern		
Mich entschuldigen, wenn es nötig ist		

Name des Betreffenden: ______________________

Einzahlungen und Abhebungen	(+) (–)	Was kann ich tun, um Einzahlungen vorzunehmen oder das Vertrauen wiederherzustellen?
Kleine Gefälligkeiten erweisen		
Versprechen halten		
Erwartungen erfüllen		
Nicht hinter seinem Rücken über den anderen lästern		
Mich entschuldigen, wenn es nötig ist		

2. Schlüssel:

Einzahlungen liegen nur vor, wenn der andere sie auch als solche betrachtet.

Was für den anderen eine Einzahlung darstellt, wissen wir oft gar nicht. Manche Menschen betrachten es als Einzahlung, wenn man ihnen ein Feedback gibt, doch für andere ist genau das eine Abhebung. Auch wenn Sie die besten Absichten haben – nur der andere kann entscheiden, ob Ihr Verhalten eine Einzahlung oder eine Abhebung für ihn darstellt. Ganz wichtig ist, dass Ihre Motive für Einzahlungen ehrlich sind, sonst wird sich der andere manipuliert fühlen. Denn es geht nicht darum, Dinge zu tun oder zu sagen, die positiv aussehen. Es geht darum, den anderen wirklich zu schätzen.

Sind Sie bei Ihren Beziehungen im Minus?

Jetzt sollten Sie den Stand bei einigen Ihrer emotionalen Bankkonten bewerten. Wählen Sie zwei Beziehungen, die Sie gern verbessern möchten. Nutzen Sie das auf der nächsten Seite abgedruckte Tool, um zu ermitteln, ob Ihr Beziehungskonto bei diesen Menschen im Plus oder im Minus ist.

Führen Sie in der nächsten Woche ein Beziehungstagebuch. Schreiben Sie auf, ob Sie Einzahlungen oder Abhebungen auf den Beziehungskonten dieser beiden Personen getätigt haben.

Bitte denken Sie daran: Hier handelt es sich nicht um eine Scorecard. Es geht darum, eine Methode zu finden, die Ihnen hilft, Ihre Einzahlungen und Abhebungen einmal näher zu betrachten.

Tagebuch für Ihre emotionalen Beziehungskonten

Person: ______________________ Datum: ________________

Handlung	Einzahlung (+)	Abhebung (–)

Tragen Sie auf einer Skala von –10 bis +10 ein, wie Ihr Kontostand bei der betreffenden Person Ihrer Ansicht nach aussieht.

–10 ———————— 0 ———————— +10

Überlegen Sie sich drei Dinge, die der Betreffende Ihrer Ansicht nach als Einzahlungen betrachten würde. Legen Sie fest, wann Sie diese Einzahlungen tätigen können.

Mögliche Einzahlungen:

____

____

____

Überlegen Sie sich jetzt drei Dinge, die der Betreffende Ihrer Ansicht nach als Abhebungen betrachten würde. Was könnten Sie tun, um diese Abhebungen in Einzahlungen umzuwandeln?

Möglichkeiten, Abhebungen in Einzahlungen umzuwandeln:

____

____

____

Tagebuch für Ihre emotionalen Beziehungskonten

Person: ______________________ Datum: ______________________

Handlung	Einzahlung (+)	Abhebung (–)

Tragen Sie auf einer Skala von –10 bis +10 ein, wie Ihr Kontostand bei der betreffenden Person Ihrer Ansicht nach aussieht.

–10 0 +10

Überlegen Sie sich drei Dinge, die der Betreffende Ihrer Ansicht nach als Einzahlungen betrachten würde. Legen Sie fest, wann Sie diese Einzahlungen tätigen können.

Mögliche Einzahlungen:

Überlegen Sie sich jetzt drei Dinge, die der Betreffende Ihrer Ansicht nach als Abhebungen betrachten würde. Was könnten Sie tun, um diese Abhebungen in Einzahlungen umzuwandeln?

Möglichkeiten, Abhebungen in Einzahlungen umzuwandeln:

4. Weg

Gewinn/Gewinn denken

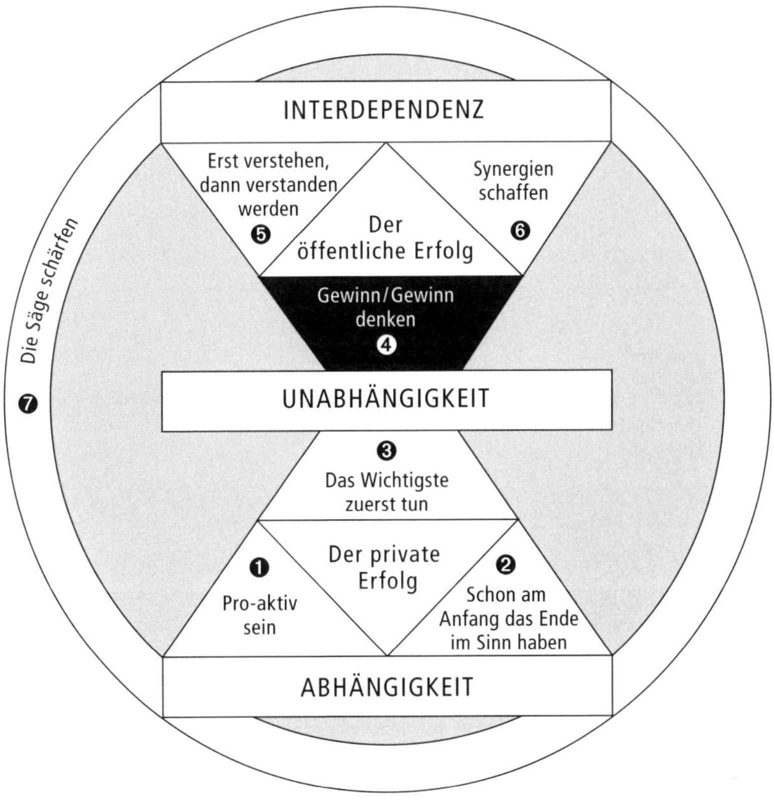

Es ist hilfreich, die Seiten 225 bis 261 in *Die 7 Wege zur Effektivität* zu lesen, bevor Sie mit diesem Kapitel des Workbooks beginnen.

4. Weg: Gewinn / Gewinn denken

> *Der wahre Charakter eines Menschen zeigt sich darin, was er tut, wenn ihn niemand sieht.*
> URSPRUNG UNBEKANNT

In allen Lebensbereichen wird Effektivität durch die kooperative Zusammenarbeit mehrerer Menschen erreicht. Dennoch gehen viele Leute private oder berufliche Partnerschaften mit einer Einzelkämpfermentalität an. Doch das ist so, als ob man versuchen würde, mit einem Tennisschläger Golf zu spielen. Die Ausrüstung ist für den Sport, den man ausüben will, überhaupt nicht geeignet.

Die meisten von uns machen ihren Selbstwert von Vergleichen und Konkurrenzkämpfen abhängig. Sie glauben, dass sie nur erfolgreich sein können, wenn andere scheitern. Oder anders gesagt: Wenn ich gewinne, verlieren Sie, und wenn Sie gewinnen, verliere ich. So wird das Leben zum Nullsummenspiel: Der Kuchen hat nur eine bestimmte Größe – bekommt der eine ein riesiges Stück, bleibt für die anderen weniger übrig.

Bei einer Gewinn / Gewinn-Einstellung sieht man das Leben nicht als einzigen Konkurrenzkampf, sondern setzt auf Zusammenarbeit. Hier geht es um eine Geistes- und Herzenseinstellung, die immer den Vorteil für alle Beteiligten sucht. Gewinn / Gewinn-Denken bedeutet, dass man nach Vereinbarungen oder Lösungen strebt, die Pluspunkte für alle Seiten bringen.

Die Grundlage von Gewinn / Gewinn-Denken ist der Charakter. Personen und Organisationen, die Konflikte mit einer Gewinn / Gewinn-Einstellung angehen, weisen drei ganz bestimmte Charaktereigenschaften auf:

1. Integrität: Ihr Handeln stimmt mit ihren wahren Gefühlen, Werten und Verpflichtungen überein.
2. Reife: Sie verleihen ihren Vorstellungen und Gedanken mutig Ausdruck und nehmen Rücksicht auf die Ideen und Gefühle anderer.
3. Überfluss-Mentalität: Sie sind überzeugt, dass es mehr als genug für alle gibt.

So entwickeln Sie ein Gewinn / Gewinn-Paradigma

Viele Menschen legen ein ausgeprägtes Entweder-oder-Denken an den Tag: Ihrer Ansicht nach kann man nicht stark sein, wenn man nett ist. Doch Gewinn/Gewinn erfordert beides. Wer nach Gewinn / Gewinn strebt, muss nicht nur einfühlsam sein, sondern auch selbstsicher; nicht nur rücksichtsvoll, sondern auch mutig. Die Balance zwischen Mut und Rücksicht ist das Zeichen echter Reife und zugleich die Grundlage von Gewinn / Gewinn.

Wer viel Mut hat, aber rücksichtslos zu anderen ist, denkt Gewinn / Verlust. Er ist zwar stark, aber auch sehr egoistisch. Er wird seine Überzeugungen durchsetzen – ohne dabei auf die Meinung und Gefühle der anderen zu achten. Allerdings genügt es auch nicht, nur rücksichtsvoll zu sein: Wer Rücksicht zeigt, aber nur wenig Mut, denkt Verlust/Gewinn. Er wird so sehr auf die Gefühle der anderen achten, dass ihm die Courage fehlt, seine Meinung klar zum Ausdruck zu bringen.

Gewinn / Gewinn-Denken erfordert viel Mut und große Rücksichtnahme. Es geht darum, beides miteinander zu vereinen. Wer das kann, ist in der Lage, andere einfühlend zu verstehen, aber auch mutig in eine Konfrontation zu gehen.

Und: Wie sieht es bei Ihnen mit dem Gewinn / Gewinn-Denken aus? Um das herauszufinden, sollten Sie zwei Ihrer wichtigsten Beziehungen einmal genauer ansehen. Ermitteln Sie für beide, wie gut die Ausgewogenheit zwischen Mut und Rücksichtnahme ist. Falls Sie beispielsweise der Ansicht sind, dass Sie wenig Mut zeigen, aber viel Rücksicht, setzen Sie bitte ein Kreuzchen in den entsprechenden Quadranten. Denken Sie darüber nach, ob eine dieser Beziehungen aus dem Gleichgewicht geraten ist. Überlegen Sie dann, wie Sie die

Situation verbessern könnten, und schreiben Sie Ihre Ideen unten auf.

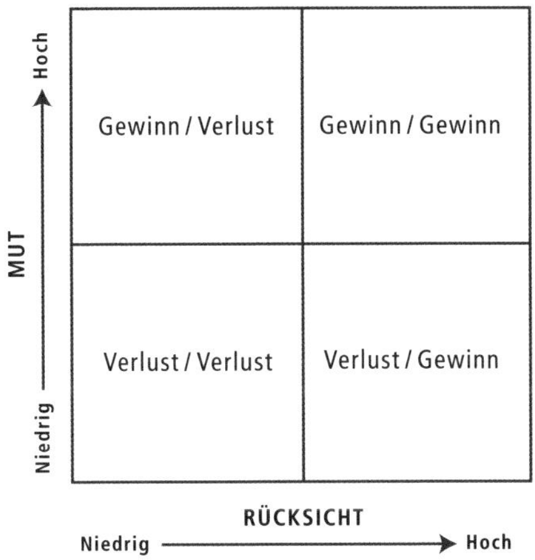

Beziehung 1: ______________________________

____

____

Ausgewogenheit in der Beziehung: ______________

____

____

Was ich tun muss: __________________________

____

____

____

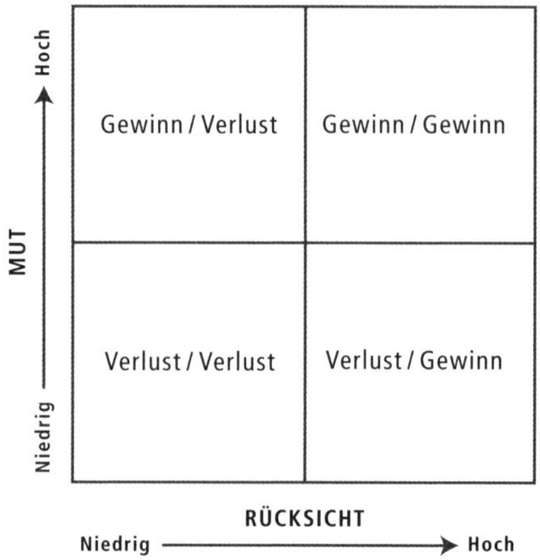

Beziehung 2: ______________________________

____

____

Ausgewogenheit in der Beziehung: ______________

____

____

Was ich tun muss: ______________________

____

____

____

Tauschen Sie die Plätze

Wählen Sie eine Beziehung aus der vorigen Übung und stellen Sie eine Gewinn / Gewinn-Vereinbarung dafür auf.

Versetzen Sie sich zunächst an die Stelle der anderen Person und schreiben Sie genau auf, wie sie die Situation Ihrer Meinung nach sieht:

Notieren Sie, was passieren müsste, damit die Beziehung auch für Sie ein Gewinn sein könnte:

Fragen Sie die andere Person, ob sie bereit wäre, gemeinsam mit Ihnen eine für beide Seiten gewinnbringende Lösung zu finden:

Wichtige Eckpunkte von Gewinn / Gewinn-Beziehungen

- Eine Gewinn / Gewinn-Einstellung ist immer mit einer Überfluss-Mentalität verbunden: »Wir können Lösungen finden, die Vorteile für alle Beteiligten bringen. Es gibt immer genug für alle.«
- Eine Gewinn / Verlust-Einstellung ist mit einer Mangel-Mentalität verknüpft: »Mein Weg ist der einzige richtige. Weil nicht genug für alle da ist, will ich meinen Teil zuerst haben.«
- Gewinn / Gewinn-Denken erfordert den Mut, ein Ergebnis zu erzielen, das einen Gewinn für Sie selbst und für den anderen darstellt. Um das zu erreichen, müssen Sie ganz offen und freimütig sein. Sagen Sie dem anderen ehrlich, wie Sie die Situation sehen. Seien Sie bereit, ihm gut zuzuhören und seinen Standpunkt zu respektieren.
- Gewinn / Gewinn kann nur erreicht werden, wenn großes Vertrauen herrscht. Wer auf ein Gewinn / Gewinn-Ergebnis hinarbeitet, strebt nach Vorteilen für beide Seiten.
- Man kann auch mit einer Gewinn / Gewinn-Einstellung selbstbewusst in Verhandlungen gehen.
- Teams haben mit einer Gewinn / Gewinn-Einstellung Erfolg, weil sie zu Beziehungen führt, in denen Geben und Nehmen im Gleichgewicht sind.
- Wer nach Gewinn / Gewinn strebt, muss nicht immer nett zu anderen sein.
- Gewinn / Gewinn-Denken ist keine Manipulationstechnik.
- Es ist nicht immer möglich, ein Gewinn / Gewinn-Ergebnis zu erreichen.

Menschen, die Gewinn / Gewinn-Beziehungen eingehen:

- suchen nach dem Guten in anderen Menschen,
- haben klare Erwartungen,
- interessieren sich für die Meinung anderer und hören gut zu,
- äußern offen und ehrlich ihre Ansichten,
- begegnen anderen mit Respekt und nehmen Rücksicht auf ihre Bedürfnisse,
- konzentrieren sich auf das Positive, sagen aber auch ganz klar, wo es etwas zu verbessern gibt.

Gewinn / Gewinn-Fragen

Die folgenden Fragen sollen Ihnen helfen, Gewinn/Gewinn-Vereinbarungen zu treffen:

FRAGE	ANTWORT
Welche wichtige Beziehung würden Sie gern durch Gewinn / Gewinn verbessern?	
Welches Problem würden Sie gern durch Gewinn/Gewinn lösen?	
Haben Sie eine Überfluss- oder eine Mangel-Mentalität?	
Was würde passieren, wenn Sie Ihr Verhalten auf Gewinn / Verlust ausrichten?	
Welche Vorteile hätte es, wenn Sie die Beziehung oder das Problem mit einer Gewinn / Gewinn-Einstellung angehen würden?	
Wie können Sie sicherstellen, dass Sie in den Genuss der Gewinn/Gewinn-Vorteile kommen?	
Wann werden Sie mit Ihren Gewinn/ Gewinn-Aktivitäten starten?	

So treffen Sie Gewinn/Gewinn-Vereinbarungen

Ohne Gewinn / Gewinn-Denken ist langfristige Effektivität nicht möglich. Deshalb ist es wichtig, dass Sie Gewinn/Gewinn-Vereinbarungen mit anderen treffen und sicherstellen, dass Sie die gewünschten Ergebnisse erzielen. Dabei sollten Sie die folgenden fünf Punkte besonders beachten:

- Erwünschte Ergebnisse: Wie soll das Endergebnis aussehen?
- Richtlinien: Was sind die Grundregeln für Ihre Vereinbarung? Was ist erlaubt und was nicht?
- Ressourcen: Was brauchen Sie, um das gewünschte Ergebnis zu erreichen? Welche Ressourcen stehen Ihnen zur Verfügung?
- Verantwortlichkeiten: Wer wird was bis wann tun?
- Konsequenzen: Was passiert, wenn das Endergebnis erreicht ist?

Lesen Sie jetzt bitte die Geschichte, die in den 7 *Wegen zur Effektivität* auf Seite 190 unten beginnt. Schreiben Sie dann auf, wo Sie die fünf Elemente von Gewinn/Gewinn-Vereinbarungen finden.

Erwünschte Ergebnisse:

Richtlinien:

Ressourcen:

Verantwortlichkeiten:

Konsequenzen:

Erwünschte Ergebnisse: *»Siehst du, dass der Garten von unserem Nachbarn grün und sauber ist, Junge?«*

- Richtlinien: *»›Sauber‹ bedeutet, dass …«*
- Ressourcen: *»Ich würde den Rasensprenger einschalten.«*
- Verantwortlichkeit: *»Wir beide werden zweimal in der Woche durch den Garten gehen, und du zeigst mir, wie es vorangeht.«*
- Konsequenzen: *»Also tat ich das.«*

Machen Sie den nächsten Schritt

Jetzt ist es an der Zeit, dass Sie in einem ganz speziellen Bereich Ihres Lebens Gewinn / Gewinn-Denken anwenden. Für den Anfang können Sie die folgende Tabelle nutzen oder selbst eine entwerfen, die genau auf Ihre Bedürfnisse zugeschnitten ist:

FRAGE	ANTWORT
Welche wichtige Beziehung würden Sie gern durch Gewinn/Gewinn verbessern?	
Welches Problem würden Sie gern durch Gewinn /Gewinn lösen?	
Haben Sie eine Überfluss-Mentalität oder eine Mangel-Mentalität?	
Was würde passieren, wenn Sie Ihr Verhalten auf Gewinn/Verlust ausrichten?	

Welche Vorteile hätte es, wenn Sie die Beziehung oder das Problem mit einer Gewinn/Gewinn-Einstellung angehen würden?	
Wie können Sie sicherstellen, dass Sie in den Genuss der Gewinn/Gewinn-Vorteile kommen?	
Wann werden Sie mit Ihren Gewinn/Gewinn-Aktivitäten starten?	

Jetzt wissen Sie, wie Sie Gewinn/Gewinn erreichen können. Gehen Sie nun bitte die Punkte in der nächsten Tabelle durch, um Ihren Plan in die Tat umzusetzen. Nutzen Sie die erste Spalte, um die Punkte abzuhaken, die Sie bereits erledigt haben.

GEWINN/GEWINN-CHECKLISTE		
	ERWÜNSCHTE ERGEBNISSE	Ist das Ergebnis klar festgelegt worden? Stellen sich alle Beteiligten dasselbe Ergebnis vor? Bringt es allen Vorteile?
	RICHTLINIEN	Kenne ich alle Regeln und Vorgaben, an die ich mich halten soll?
	RESSOURCEN	Habe ich sämtliche notwendigen Ressourcen ermittelt? Stehen mir diese Ressourcen zur Verfügung?
	VERANTWORTLICHKEIT	Weiß ich, wer wofür verantwortlich ist? Wer muss bei wem Rechenschaft ablegen? Und wann?
	KONSEQUENZEN	Kenne ich die Konsequenzen, die ein Erfolg oder ein Misserfolg mit sich bringt?

Menschen, die sich durch eine Gewinn/Gewinn-Einstellung auszeichnen, bauen von großem Vertrauen geprägte Beziehungen auf. Weshalb? Ganz einfach: Weil sie andere so behandeln, wie sie selbst behandelt werden möchten. Nutzen Sie die folgende Checkliste, um herauszufinden, wie Sie bei Ihren Beziehungen abschneiden. Setzen Sie ein Häkchen neben die Punkte, die Sie bereits erfolgreich umsetzen:

	Ihre Handlungen stehen mit Ihren Versprechen, Werten und Gefühlen im Einklang. (Sie tun das, was Sie sagen – Integrität).
	Sie äußern Ihre Meinung offen und mutig, nehmen aber auch Rücksicht auf die Ideen und Gefühle anderer.
	Sie sind überzeugt, dass mehr als genug für alle da ist. Sie haben eine Überfluss-Mentalität.
	Sie glauben fest daran, dass die anderen ihr Bestes geben und Respekt, Rücksicht und Freundlichkeit verdienen.
	Sie interessieren sich für den Standpunkt anderer Menschen und versuchen, ihre Position, ihr Verhalten und ihre Entscheidungen zu verstehen. Sie erläutern anderen Ihre eigene Meinung und Ihr Verhalten und begründen Ihre Entscheidungen.
	Sie sagen anderen offen, was Sie von ihnen erwarten.
	Sie konzentrieren sich auf das Positive, sagen aber auch ganz klar, wo es etwas zu verbessern gibt.

Wenn Sie konsequent an Ihrer Gewinn/Gewinn-Einstellung arbeiten, werden Sie etwas Bemerkenswertes entdecken: Ihre persönlichen Beziehungen werden viel besser! Woran das liegt? Ganz einfach: Sie sind wesentlich toleranter und viel offener für die Meinung anderer. Wenn Sie Vertrauen in Ihre Fähigkeiten haben und überzeugt sind, dass es genug für alle gibt, sind Sie nicht mehr so sehr darauf aus, immer nur Ihren Kopf durchzusetzen.

Wofür leben wir, wenn nicht dafür, uns gegenseitig
das Leben leichter zu machen?
GEORGE ELIOT

5. Weg

Erst verstehen, dann verstanden werden

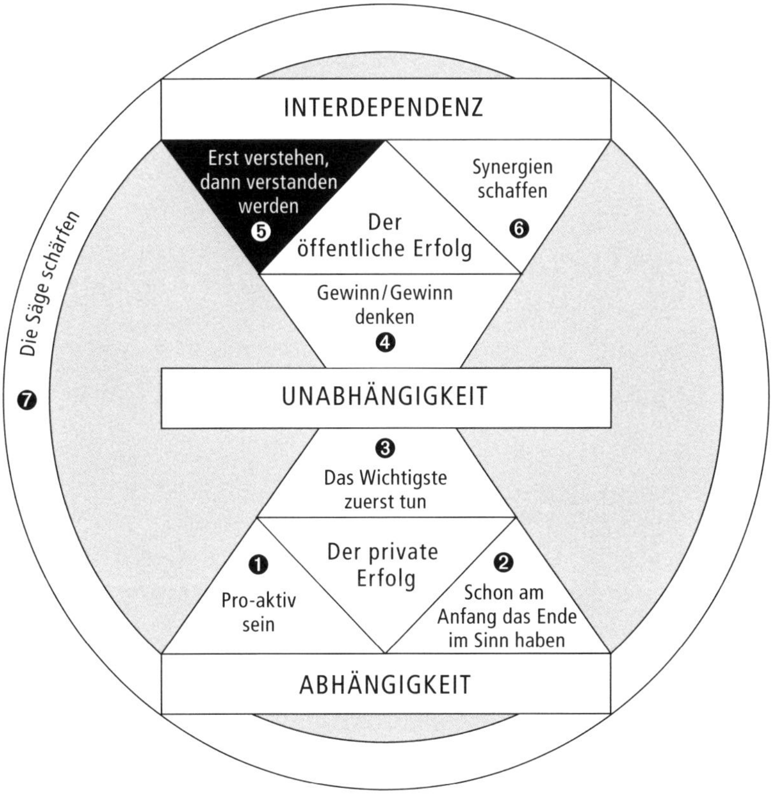

Es ist hilfreich, die Seiten 263 bis 290 in *Die 7 Wege zur Effektivität* zu lesen, bevor Sie mit diesem Kapitel des Workbooks beginnen.

5. Weg: Erst verstehen, dann verstanden werden

Der Mund wiegt ganz wenig, doch halten kann ihn kaum jemand.
URSPRUNG UNBEKANNT

Kommunikation ist die wichtigste Fertigkeit im Leben. Denken Sie doch mal darüber nach, wie viel Zeit Sie damit verbracht haben, sprechen, lesen und schreiben zu lernen. Aber was ist mit dem Zuhören? Haben Sie auch gelernt, richtig zuzuhören, sodass Sie die anderen Menschen wirklich verstehen können?

Erst verstehen oder »Erst die Diagnose, dann das Rezept« ist ein Prinzip, das in vielen Lebensbereichen ungemein wichtig ist. Ein guter Arzt wird eine Diagnose stellen, bevor er Ihnen ein Medikament verschreibt. Verantwortungsvolle Eltern hören ihrem Kind erst richtig zu, bevor sie eine Strafe verhängen, die völlig unangebracht ist. Und ein guter Gesprächspartner wird den Standpunkt des anderen verstehen wollen, bevor er selbst verstanden werden möchte. Eines der größten menschlichen Bedürfnisse ist, bestätigt, geschätzt und verstanden zu werden.

Hallo, hörst du mir zu?

Bitte überlegen Sie: Wie würden die folgenden Personen Ihre Fähigkeit, zuzuhören, auf einer Skala von 1 bis 4 bewerten?

	NIEDRIG			HOCH
Ihr bester Freund/ Ihre beste Freundin	1	2	3	4
Ihr Partner/Ihre Partnerin	1	2	3	4
Ein nahes Familienmitglied	1	2	3	4
Ihr Kollege/Ihre Kollegin	1	2	3	4
Ihr Chef/Ihre Chefin	1	2	3	4

Den meisten von uns ist es wichtig, erst verstanden zu werden. Das ist absolut menschlich – wir wollen anderen unseren Standpunkt klarmachen. Doch dabei *ignorieren* wir den anderen oft völlig, *tun nur so,* als ob wir zuhören, oder hören nur *bestimmte Teile* des Gesprächs. Weshalb passiert all das? Ganz einfach: Weil die meisten Leute mit der Absicht zuhören, zu antworten, und nicht mit der Absicht, zu verstehen. Während der andere spricht, überlegen sie bereits, was sie sagen und welche Fragen sie stellen wollen. Einer der Hauptgründe dafür ist, dass wir alles, was wir hören, sofort interpretieren. Wir filtern es durch unsere eigene Autobiografie – durch unsere Lebenserfahrungen. Deshalb treffen wir allzu oft voreilig Schlüsse darüber, was der andere meint. Vielleicht kommen Ihnen die folgenden Äußerungen ja auch bekannt vor?

»Oh, ich weiß genau, wie du dich jetzt fühlst. Mir ist es auch schon mal so gegangen.«
»Das kenne ich. Das ist mir erst neulich passiert.«
»Also, ich habe das damals so gemacht.«

Denken Sie jetzt bitte an eine Situation, in der Ihnen jemand nicht richtig zuhörte und Ihnen irgendwelche Ratschläge gab. Wie haben Sie sich damals gefühlt?

Wann fällt es Ihnen besonders schwer, anderen richtig zuzuhören? Weshalb?

Hier geht es nur um Sie: Autobiografische Antworten!

Vielleicht denken Sie jetzt: »He, Moment mal! Ich versuche doch nur, auf die andere Person einzugehen, indem ich auf meine eigenen Erfahrungen zurückgreife. Ist das denn wirklich so schlimm?« Auch wenn Sie noch so gute Absichten haben – echtes Zuhören bedeutet, dass Sie sich selbst in den Hintergrund stellen und sich voll und ganz auf den anderen konzentrieren. Das nennt man *einfühlendes Zuhören.* Ganz anders sieht es beim autobiografischen Zuhören aus. Hier neigen wir dazu, auf vier unterschiedliche Weisen zu reagieren:

- **Bewerten:** Wir stimmen entweder zu oder widersprechen.
- **Nachfragen:** Wir stellen Fragen, die sich allerdings nur auf unsere eigene Sicht der Dinge beziehen.
- **Beraten:** Wir geben Ratschläge, die ausschließlich auf unseren individuellen Erfahrungen beruhen.
- **Interpretieren:** Wir versuchen, aus Leuten schlau zu werden, und uns ihr Verhalten aus unseren eigenen Motiven heraus zu erklären.

Das folgende Beispiel zeigt, wie unterschiedlich vier Leute auf eine Idee ihrer Freundin Joyce in Sachen Familienurlaub reagieren. Bewerten, Nachfragen, Beraten oder Interpretieren: Welcher der vier Freunde macht was? Ziehen Sie einen Kreis um die Ihrer Meinung nach richtige Antwort:

JOYCE: *Meine Idee für unseren Urlaub hat meiner Familie nicht gefallen.*
CARLOS: *An deiner Stelle würde ich beim nächsten Mal zuerst mit Beth darüber sprechen. Sie scheint immer zu wissen, was das Beste ist.*

Bewerten – Nachfragen – Beraten – Interpretieren

JOYCE: *Meine Idee für unseren Urlaub hat meiner Familie nicht gefallen.*
MITCH: *Es hat bestimmt bloß daran gelegen, dass das Ganze viel zu teuer gewesen wäre. Du solltest das nicht persönlich nehmen!*

Bewerten – Nachfragen – Beraten – Interpretieren

JOYCE: *Meine Idee für unseren Urlaub hat meiner Familie nicht gefallen.*
KAILA: *Hast du denn mit deinem Mann darüber gesprochen, bevor du es allen erzählt hast?*

Bewerten – Nachfragen – Beraten – Interpretieren

JOYCE: *Meine Idee für unseren Urlaub hat meiner Familie nicht gefallen.*
MELANIE: *Ja, das passiert schnell, wenn man vorher nicht gründlich genug darüber nachdenkt.*

Bewerten – Nachfragen – Beraten – Interpretieren

Auflösung:
Carlos: Beraten; Mitch: Interpretieren; Kaila: Nachfragen; Melanie: Bewerten.

Diese vier Reaktionstypen sind so tief in uns verankert, dass wir es oft gar nicht merken, wenn wir sie benutzen. Das soll allerdings nicht heißen, dass autobiografische Antworten immer schlecht wären. Wenn man sie zur richtigen Zeit mit der richtigen Absicht benutzt, können sie durchaus produktiv sein. Meist zwingen wir unserem Gegenüber durch solche Antworten allerdings unsere Meinung auf oder wir wirken so, als würden wir uns einmischen oder den anderen nicht verstehen wollen. Selbst wenn Sie Ihrem Gesprächspartner wirklich helfen wollen, könnte es schiefgehen, wenn Sie beraten oder werten, ohne darum gebeten worden zu sein. Haben Sie eine Beziehung, die Sie verbessern könnten, indem Sie nicht mehr autobiografisch zuhören? Nutzen Sie das folgende Tool und finden Sie es heraus:

PERSON: ______________________	
Äußerung	**Autobiografische Antwort**

Autobiografische Antworten: Wie gut hören Sie zu?

Wählen Sie eine Beziehung, die nicht einfach für Sie ist. Hören Sie der anderen Person die ganze Woche über zu und schreiben Sie Ihre Antworten aus diesen Gesprächen später auf. Achten Sie darauf, ob Sie bewerten, nachfragen, beraten oder interpretieren. Ziehen Sie am Ende der Woche Bilanz und überlegen Sie: Wie könnten Sie beim nächsten Mal besser zuhören? Was sollten Sie unbedingt ändern?

____

____

____

____

____

Einfühlendes Zuhören: Sie haben das Recht, zu schweigen!

> *Echtes Zuhören bedeutet, unser Gedächtnis, unsere Wünsche und unser Urteilsvermögen auszuschalten und zumindest ein paar Augenblicke lang nur für den anderen zu existieren.*
> MICHAEL P. NICHOLS

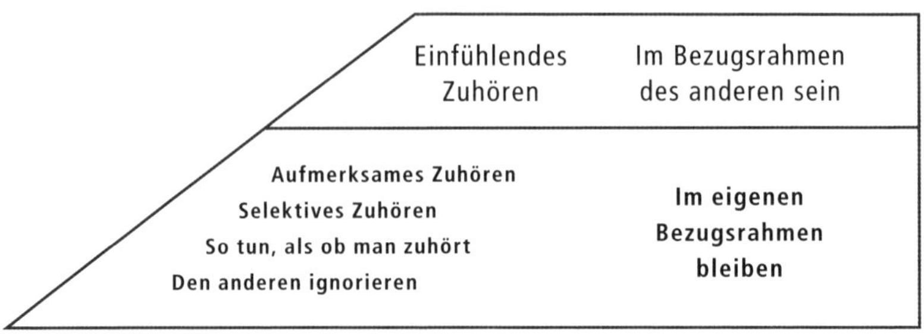

Wie dieses Diagramm zeigt, ist die höchste Form des Zuhörens das *einfühlende Zuhören*. Beim einfühlenden Zuhören versetzen wir uns in den Bezugsrahmen unseres Gesprächspartners. Wir sehen die Welt so, wie der andere sie sieht, und verstehen, wie er sich fühlt. Das muss nicht heißen, dass wir seine Ansichten uneingeschränkt teilen. Aber wir verstehen ihn – emotional wie intellektuell. Wir geben unsere eigene Sicht der Dinge vorübergehend auf, um die Perspektive des anderen besser nachvollziehen zu können.

Denken Sie an eine Situation, in der sich jemand wirklich bemüht hat, Sie und Ihren Standpunkt zu begreifen. Was hat der andere damals gesagt und getan, sodass Sie sich verstanden fühlten?

Mit den Ohren, den Augen und dem Herzen zuhören

Beim einfühlenden Zuhören benutzt man nicht nur seine Ohren, sondern auch seine Augen und sein Herz. Mit den Augen zuzuhören heißt, dass wir nonverbale Signale auffangen, die der andere durch seine Körpersprache kommuniziert. Mit dem Herzen zuzuhören bedeutet, dass wir auf die Gefühle und Bedeutungen achten, die der andere durch seine Stimme zum Ausdruck bringt. Und mit den Ohren zuzuhören heißt, dass wir die Worte erfassen, die tatsächlich gesagt werden. Wir sollten immer daran denken, dass es bei der Kommunikation nicht nur um Worte geht: Über 90 Prozent der Gesprächsinhalte werden nicht durch unsere Worte übermittelt, sondern durch nonverbale Kommunikation, wie Tonfall, Gestik oder Mimik.

Einfühlendes Zuhören verleiht uns Kraft, da es uns genaue Informationen über die Denkweise und die Ansichten unseres Gesprächspartners liefert. Statt unsere eigene Autobiografie auf den Gesprächspartner zu projizieren und ihm irgendwelche Gedanken, Gefühle und Motive zu unterstellen, befassen wir uns mit der Realität im Kopf und im Herzen des anderen.

Mehr als Worte: Richtig zuhören

Wenn Sie das nächste Mal die Gelegenheit haben, Menschen im Gespräch zu beobachten, halten Sie sich bitte für ein paar Minuten die Ohren zu und achten Sie einfach nur auf die Körpersprache. »Hören« Sie ihren Handbewegungen zu, ihrer Haltung und ihrem Mienenspiel. Welche Gefühle, die sie mit Worten allein nicht vermitteln können, bringen diese Menschen zum Ausdruck?

Suchen Sie in dieser Woche zwei Personen aus und »hören« Sie nicht nur ihren Worten zu, sondern auch ihrer Körpersprache. Was ist Ihnen dabei aufgefallen?

____

____

____

____

____

Stimmte ihre Körpersprache mit ihren Worten überein?

____

____

____

Wie haben Sie reagiert, wenn Körpersprache und Worte nicht übereinstimmten?

So verinnerlichen Sie die Grundtechniken des einfühlenden Zuhörens

Wenn wir andere Menschen wirklich verstehen wollen, müssen wir ihnen nicht nur mit unseren Augen, unseren Ohren und unserem Herzen zuhören, sondern auch einige spezielle Techniken einsetzen. Beim einfühlenden Zuhören sind diese Techniken jedoch nur die Spitze des Eisbergs. Unter ihrer Oberfläche liegt das aufrichtige Bemühen, andere Menschen zu verstehen. Fehlt dies, werden die Techniken des einfühlenden Zuhörens oft als manipulativ verstanden, sodass sie ganz schnell ihre Wirkung verlieren. Doch wenn Sie jemandem mit der ehrlichen Absicht zuhören, ihn zu verstehen, wird das der andere sofort registrieren. Es gibt drei Grundtechniken, die Sie beim einfühlenden Zuhören nutzen können:

- *Den Inhalt neu formulieren,*
- *Gefühle reflektieren,*
- *Fragen stellen, um besser zu verstehen.*

Wenn Sie *den Inhalt neu formulieren*, geben Sie die Bedeutung von dem, was der andere gesagt hat, mit Ihren eigenen Worten wieder. Sie versuchen, die Dinge aus seinem Blickpunkt zu betrachten und in seinem Bezugsrahmen zu verstehen. Sie denken über den Inhalt des Gesagten nach, nicht nur über die Worte. Hier ein Beispiel:

STEVE: *Dieses Projekt verlangt mir wirklich alles ab. Ich weiß nicht, ob ich es bis zum Geburtstag meines Sohnes fertig bekomme.*
LILLIAN: *Das hört sich an, als hättest du Termine, die du unbedingt einhalten musst.*

Wenn Sie *die Gefühle des anderen reflektieren*, konzentrieren Sie sich auf seine Emotionen im Hinblick auf das, was er sagt. Hier kommt das Zuhören mit den Ohren, den Augen und dem Herzen wirklich zum Tragen. Ein Beispiel:

STEVE: *Dieses Projekt verlangt mir wirklich alles ab. Ich weiß nicht, ob ich es bis zum Geburtstag meines Sohnes fertig bekomme.*
LILLIAN: *Steve, du scheinst ein bisschen beunruhigt zu sein.*

Wirklich effektiv ist einfühlendes Zuhören aber nur, wenn Sie diese beiden Techniken miteinander kombinieren:

STEVE: *Dieses Projekt verlangt mir wirklich alles ab. Ich weiß nicht, ob ich es bis zum Geburtstag meines Sohnes fertig bekomme.*
LILLIAN: *Das hört sich an, als würdest du dir wegen einigen Terminen Sorgen machen, die du unbedingt einhalten musst.*

Ein einfühlender Zuhörer kann sehr gut »lesen«, was tief im Inneren seines Gesprächspartners abläuft. Er kann so viel Verständnis und Akzeptanz zeigen, dass der andere sich Schicht für Schicht öffnet. Dann ist es möglich, bis zu dem weichen inneren Kern vorzudringen, in dem das Problem wirklich liegt. Das A und O dabei ist, *Fragen zu stellen, um besser zu verstehen.* Allerdings dürfen hier keine Sondierungsfragen zum Einsatz kommen, sondern Fragen, die der Klärung und dem Aufbau von gegenseitigem Verstehen dienen. Hier einige Beispiele:

- Sie sind frustriert, weil Ihre Tochter es an Respekt fehlen lässt. Ist das richtig?
- Sie scheinen ziemlich wütend auf Phil zu sein. Ist das die Sache, die Sie momentan so belastet? Oder geht es um irgendwas anderes?

In zehn Schritten zum einfühlenden Zuhörer

1. Üben Sie, zu sagen: »Lass dir Zeit – ich hör dir zu!«, und das auch wirklich ernst zu meinen.
2. Stellen Sie Ihre eigene Agenda in den Hintergrund.
3. Seien Sie auch für die emotionalen und körpersprachlichen Botschaften des anderen empfänglich.
4. Versuchen Sie, den Standpunkt des anderen zu verstehen.
5. Hören Sie zu, ohne selbst sofort das Wort ergreifen zu wollen.
6. Versuchen Sie, sich in den anderen hineinzuversetzen und das zu fühlen, was er fühlt.
7. Helfen Sie dem anderen, seine Gedanken und Gefühle zu offenbaren, indem Sie ihm Fragen stellen.
8. Bitten Sie Ihren Gesprächspartner um genaue Erläuterungen, damit Sie ihn noch besser verstehen können.
9. Sagen Sie: »Ich möchte sichergehen, dass ich Sie wirklich verstehe«, und beschreiben Sie das Problem mit Ihren eigenen Worten.
10. Gehen Sie auf die Gefühle des anderen ein.

Einfühlendes Zuhören braucht etwas Zeit – das stimmt! Aber es dauert viel länger und ist viel anstrengender, Missverständnisse auszubügeln oder mit ungelösten und unausgesprochenen Problemen zu leben.

> *Wenn wir uns wirklich bemühen, zu verstehen, ohne Heuchelei und Arglist, werden wir manchmal geradezu überwältigt von dem reinen Wissen und Verstehen sein, das von einem anderen Menschen zu uns fließt.*
>
> STEPHEN R. COVEY

So entwickeln Sie ein Gespür für gutes Zuhören

Haben Sie in den letzten Tagen ein Gespräch geführt, das Sie gern wiederholen würden? Die folgende Übung hilft Ihnen herauszufinden, was Sie besser machen können:

Mit wem haben Sie das Gespräch geführt? ______________________

Wann? ____

Worum ging es? ____

Weshalb würden Sie das Gespräch gern noch mal führen? __________

____

Wie verlief dieses Gespräch?

____

____

____

Was können Sie tun, um Ihr einfühlendes Zuhören in dieser Beziehung gezielt zu verbessern?

____

____

____

Schreiben Sie auf, welche positiven Folgen es hätte, wenn Sie die Techniken des einfühlenden Zuhörens für dieses Gespräch nutzen würden:

____

____

____

So werden Sie von anderen verstanden

Zu wissen, was wir tun können, damit andere uns verstehen, ist die andere Hälfte des 5. Wegs. Diese Hälfte ist für unsere Effektivität genauso wichtig wie die erste. Erst wenn unsere Gesprächspartner das Gefühl haben, dass wir sie verstehen, sind sie auch offen für unsere Ideen, unsere Ratschläge und unseren Standpunkt.

Charakter und Kommunikation

Zu den Schlüsseln für effektive Kommunikation gehört unser Verhalten. Unser Verhalten entspringt aus unserem Charakter – daraus, was für ein Mensch wir wirklich sind. Unser Charakter kommuniziert unaufhörlich, wer wir sind. Das führt letztendlich dazu, dass andere uns und unseren Bemühungen ihnen gegenüber vertrauen oder eben nicht. Die folgenden Fragen werden Ihnen helfen, Ihren Charakter zu ergründen:

Weshalb vertrauen mir andere?

Was führt dazu, dass andere mir nicht vertrauen?

Verhalte ich mich in manchen Bereichen widersprüchlich? Kommt es beispielsweise vor, dass ich andere scharf kritisiere, im nächsten Augenblick aber sehr nachsichtig bin?

Sind meine Worte und mein Verhalten im Einklang? Falls nicht: Weshalb? Wo liegen die Diskrepanzen?

So kommunizieren Sie effektiv

Der Charakter ist enorm wichtig, wenn man verstanden werden will. Es gibt aber noch einige andere Schlüsselaspekte, die Ihnen helfen, effektiv zu kommunizieren. Ob Sie nun schriftlich, telefonisch oder von Angesicht zu Angesicht kommunizieren – Sie wollen immer, dass die anderen Sie verstehen. Botschaften sind nur dann effektiv, wenn die beiden folgenden Grundvoraussetzungen erfüllt werden:

- Man muss die Bedürfnisse, Interessen, Anliegen und Prioritäten des anderen verstehen und
- seine eigenen Ideen klar und deutlich vermitteln.

Wer seine Zuhörer von seinen Ansichten überzeugen will, muss immer zuerst auf ihre Bedürfnisse eingehen. Ich möchte Ihnen das an einem Beispiel verdeutlichen: Joseph arbeitet bei einem großen Lebensmittelhersteller im Verkauf. Er könnte seine Präsentation vor einem wichtigen Kunden so beginnen:

»Ich bin Joseph Velasquez von Fresh Foods. Bei meiner Präsentation werde ich auf die folgenden sechs Punkte eingehen …«

Oder so:

»Ich bin Joseph Velasquez von Fresh Foods. Bevor ich beginne, möchte ich mich davon überzeugen, dass ich Ihre Prioritäten für unsere Zusammenarbeit verstanden habe. Aufgrund von Gesprächen vor dieser Präsentation glaube ich zu wissen, was Ihnen wichtig ist: … Liege ich da richtig oder ist mir noch irgendwas entgangen?«

Was klingt besser? Es ist offensichtlich, dass der zweite Ansatz viel effektiver ist als der erste. Hier erkennt Joseph an, dass seine Zuhörer eigene Bedürfnisse und Ziele haben. Zudem hat er sich vor seiner Präsentation Zeit genommen, mit seinen Zuhörern zu sprechen, um sicherzugehen, dass er sie versteht. Beim ersten Ansatz stellt er dagegen nur seine eigenen Bedürfnisse und seine Agenda in den Mittelpunkt. Wie könnte er seine Präsentation fortsetzen?

»Ich würde gern rund 25 Minuten über unsere Angebote sprechen und Ihnen dann die Möglichkeit geben, Fragen dazu zu stellen.«

Oder:

»Mein Ziel bei dieser Präsentation ist, Ihnen zu zeigen, wie Fresh Foods Ihnen mehr Kunden im südamerikanischen Markt bringen kann. Am Ende möchte ich einen klaren Eindruck davon haben, wie Ihre operativen Pläne in Südamerika aussehen, und wissen, wie wir das Ganze gemeinsam voranbringen können.«

Was hört sich besser an? Beim ersten Ansatz sagt Joseph nicht klar, was er mit seiner Präsentation erreichen will. Seine Zuhörer müssen Vermutungen darüber anstellen, wie die nächsten Schritte aussehen werden. Das Einzige, was er deutlich ausspricht, ist sein Bestreben, die Präsentation hinter sich zu bringen. Im zweiten Fall dagegen kommuniziert er seine Ideen und Ziele ganz klar.

Wenn Joseph sich zunächst Zeit nimmt, seine Zuhörer und ihre Bedürfnisse zu verstehen, werden sie danach für seine Botschaft viel empfänglicher sein.

So bewerten Sie Ihre Kommunikation

Denken Sie bitte an ein Telefonat, eine E-Mail oder ein persönliches Gespräch, bei dem Sie zuerst Ihre eigenen Bedürfnisse genannt haben.

Mit wem haben Sie telefoniert, gemailt oder gesprochen? ____________________

Wann fand diese Kommunikation statt? ______________________________

Worum ging es? ____

Wie verlief die Kommunikation?

____

____

Wie hätte das Ergebnis aussehen können, wenn Sie erst über die Bedürfnisse des anderen gesprochen hätten?

____

____

Haben Sie Ihre Ideen und Gedanken klar und deutlich kommuniziert? Falls nicht, schreiben Sie das Ganze bitte hier auf:

____

____

Was wäre passiert, wenn Sie Ihre Ideen klar und deutlich zum Ausdruck gebracht hätten?

____

____

6. Weg

Synergien schaffen

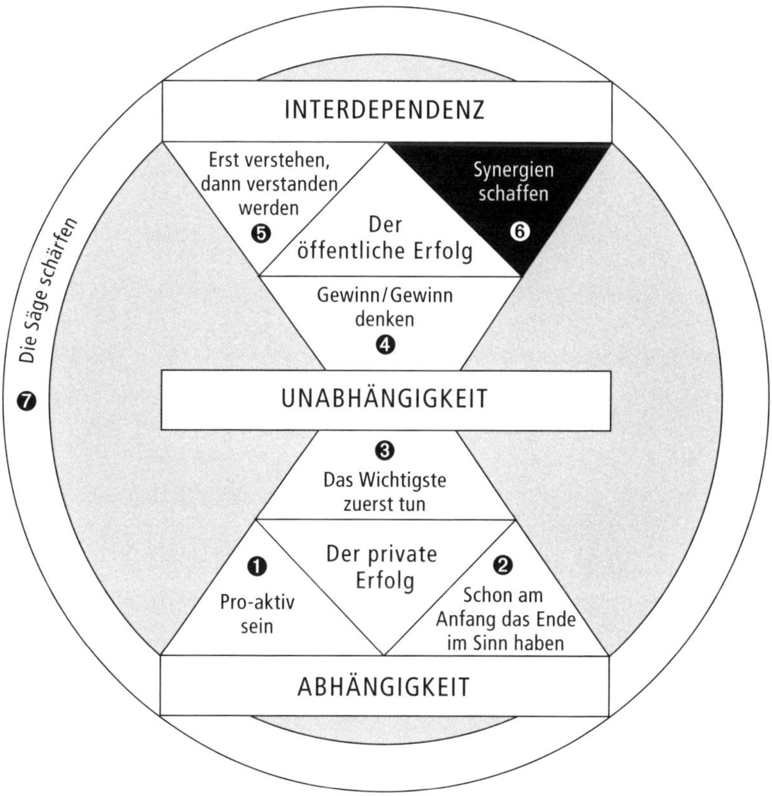

Es ist hilfreich, die Seiten 291 bis 310 in *Die 7 Wege zur Effektivität* zu lesen, bevor Sie mit diesem Kapitel des Workbooks beginnen.

6. Weg: Synergien schaffen

Der Kern der Synergie besteht darin, Unterschiede zu schätzen und zu respektieren. So kann man von den Stärken des anderen profitieren und Schwächen ausgleichen. Wer einmal wirkliche Synergie erfahren hat, ist nicht mehr derselbe. Er weiß, dass er in Zukunft noch mehr solche abenteuerlichen Horizonterweiterungen erleben kann.

STEPHEN R. COVEY

Der 6. Weg, Synergien schaffen, ist der Weg der kreativen Kooperation und der Schlüssel zu prinzipienzentriertem Führungsverhalten. Synergie bedeutet, Unterschiede und Teamarbeit zu schätzen und gemeinsam neue, bessere Möglichkeiten zu finden. Das geht allerdings nicht einfach von selbst. Es ist ein Prozess, durch den man Alternativen und Lösungen schaffen kann, die es vorher nicht gab. Synergie bedeutet, dass das Ganze viel größer ist als die Summe seiner Teile: 1 plus 1 ergibt dann nicht 2, sondern 3 oder sogar noch mehr.

Wenn die Leute wirklich miteinander zusammenarbeiten und offen für die Ideen der anderen sind, profitieren am Ende alle davon. Denn die Unterschiede helfen ihnen, gemeinsam neue, bessere Alternativen zu finden. Synergie bedeutet, dass man zusammen mit anderen etwas erreichen kann, was keiner für sich allein geschafft hätte.

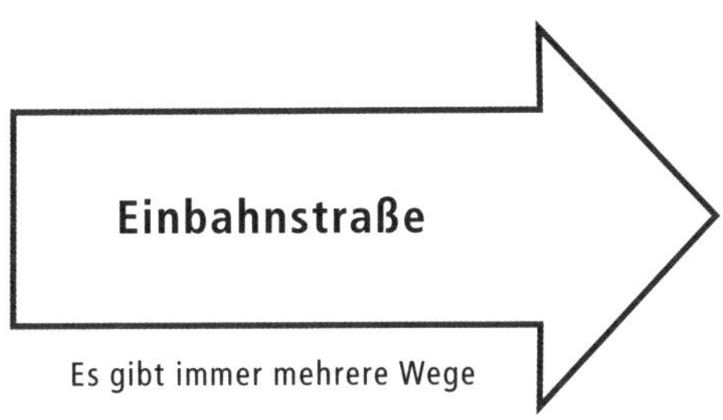

Test: Unterschiede schätzen

Wie sehr schätzen Sie Unterschiede? Finden Sie es heraus und machen Sie diesen kleinen Test:

Ziehen Sie einen Kreis um die Zahl von 1 bis 5, die Ihrem üblichen Verhalten oder Ihrer Einstellung im Hinblick auf die Aussage in der Tabelle rechts am nächsten kommt. Zählen Sie dann Ihre Punkte zusammen, um Ihre Gesamtpunktzahl zu ermitteln.

Auswertung

41–50: Sie nutzen Unterschiede sehr stark.
21–40: Sie nutzen Unterschiede nur mäßig.
10–20: Sie nutzen Unterschiede überhaupt nicht.

Checkliste: 10 Schlüssel zur Synergie

- *Gesunden Respekt vor der Vielfalt haben.* Jeder ist einzigartig – genau wie Sie.
- *Sich in Gegenwart anderer entspannen können.* Nur Uhren müssen immer aufgezogen sein.
- *Ansichten auch dann schätzen, wenn man sie nicht teilt.* »My Way« sollten Sie lieber Frank Sinatra überlassen.
- *Für Balance sorgen.* Der Grundgedanke von Synergie ist, zu geben und zu nehmen, ohne dabei gierig zu sein.
- *Offen für neue Ideen sein.* Seien Sie nicht engstirnig, sondern neugierig auf Neues.
- *Vertrauen aufbauen.* Das ist am Anfang schwierig, zahlt sich aber bestimmt aus.
- *Gemeinsame Interessen entdecken.* Es lohnt sich, auf andere zuzugehen und sich intensiv mit ihnen auszutauschen.
- *Humor haben.* Ihren Humor sollten Sie nie zu Hause lassen.
- *Andere nicht in Schubladen stecken.* Dabei würden Sie ganz sicher falschliegen!
- *Sich nicht in der Theorie verlieren.* Was letztlich zählt, sind nicht Worte, sondern Taten!

	NIE		MANCHMAL		IMMER
1. Wenn ich einen Standpunkt höre, der sich nicht mit meinem deckt, bitte ich den Betreffenden, mir seine Idee genauer zu erklären.	1	2	3	4	5
2. Bei Meinungsverschiedenheiten ist es mir wichtiger, meine eigenen Ideen darzulegen, als mich der Ansicht der Mehrheit anzuschließen.	1	2	3	4	5
3. Ich arbeite häufig mit Leuten zusammen, die die Dinge völlig anders sehen als ich.	1	2	3	4	5
4. Ich versuche, das Wissen von anderen zu nutzen, um meine Aufgaben besser zu erledigen.	1	2	3	4	5
5. Ich finde es gut, wenn Teams aus Leuten mit unterschiedlichen Talenten und Fähigkeiten bestehen.	1	2	3	4	5
6. Ich bin fest davon überzeugt, dass jeder Mensch etwas ganz Besonderes zum Erfolg einer Sache beitragen kann.	1	2	3	4	5
7. Mir ist wichtig, von anderen zu lernen.	1	2	3	4	5
8. Ich diskutiere mit anderen über meine Ansichten, auch wenn sie meine Meinung nicht teilen.	1	2	3	4	5
9. Ich bemühe mich, andere Standpunkte und Meinungen kennenzulernen.	1	2	3	4	5
10. Wenn ich kreative Aufgaben erledige, tausche ich lieber Ideen mit anderen aus, als mich auf die Meinung von Fachleuten zu verlassen.	1	2	3	4	5

Übung: Synergie im Job

Schreiben Sie den Namen einer Person auf, mit der Sie zusammenarbeiten. Notieren Sie dann, welche Fähigkeiten und Talente sie besitzt – etwa organisiert, viel Fachwissen, selbstsicher, kreativ, Programmgestalter, Verkaufstalent, Autor.

Name:

Halten Sie dann einige Infos zum Hintergrund dieser Person fest – zum Beispiel Bildung, Status, Herkunft, Familie, Religion:

Schreiben Sie dann die zwischenmenschlichen Fertigkeiten auf – etwa guter Zuhörer und Gesprächspartner, Redner, Lehrer, Mentor, Vorbild:

Notieren Sie nun die herausragenden Charakterzüge – wie Humor, Perfektionist, zuverlässig, ehrlich, fleißig, überheblich, oberflächlich:

Überlegen Sie: Worin unterscheidet sich diese Person von Ihnen?

Wie könnten diese Unterschiede dazu beitragen, dass Sie ein gemeinsames Ziel erreichen?

____

____

____

____

____

Unterschiede schätzen und bessere Ergebnisse erzielen

Unterschiede sind Chancen, kein Hindernisse. Das A und O ist, dass Sie offen für die Vorschläge von anderen sind. Dann können Sie entscheiden, welche Ideen Sie miteinander verbinden wollen, um gemeinsam eine bessere Lösung zu finden.

Falls es zu Meinungsverschiedenheiten kommt, haben Sie folgende Möglichkeiten:

- **Angreifen.** Dadurch weisen Sie die Idee zurück. Das ist eine defensive, aus Angst geborene Reaktion.
- **Tolerieren.** Sie nehmen die Idee zur Kenntnis, kümmern sich aber nicht weiter darum.
- **Akzeptieren.** Sie akzeptieren, dass die Idee anders ist, versuchen aber nicht, irgendetwas zu ändern.
- **Schätzen.** Sie schätzen die Idee und erkennen, welche Chancen sie Ihnen eröffnet.
- **Profitieren.** Sie suchen gezielt Kontakt zu Menschen, die anders denken, und profitieren von diesen Unterschieden.

Denken Sie bitte an ein Meeting oder ein Gespräch, in dem Ideen abgelehnt wurden. Beantworten Sie die folgenden Fragen:

1. Was hat Sie dazu gebracht, die Idee abzulehnen? Ging es um die Idee an sich, die Person, die sie vorbrachte, oder die Art, wie sie präsentiert wurde? Oder hat Ihnen die Idee vielleicht nicht gefallen, weil sie nicht von Ihnen war?

2. Was haben Sie gedacht: »Das wird absolut nicht funktionieren!«, »Du bist ja verrückt!« oder »So haben wir es noch nie gemacht!«?

3. Falls es sich um eine Situation im Job handelte: War Mobbing im Spiel? Lehnte das Team die Idee ab, weil sie nicht seinen typischen Denk- und Verhaltensweisen entsprach? Weshalb passte die Idee nicht zum Team?

____

____

____

____

____

____

____

Selbst-Check: Können Sie Beziehungen aufbauen?

Ja oder nein? Überlegen Sie, ob die folgenden Aussagen auf Sie zutreffen. Denken Sie dabei an konkrete Begebenheiten aus Ihrem Leben. Bitte kreuzen Sie die Äußerungen, die auf Sie zutreffen, an:

- ❐ Ich erwarte von mir selbst und von allen anderen höchste Perfektion.
- ❐ Es überrascht mich, wenn andere mich oder meine Ideen nicht gut finden.
- ❐ Die Leute versprechen mir ständig irgendwas, ohne es dann zu halten.
- ❐ Ich habe nicht viele Freunde, die ich wirklich mag oder denen ich richtig vertraue.

- ❒ Von der ganzen Political Correctness habe ich langsam die Nase voll. Ich muss nicht jeden mögen!
- ❒ Mir ist es egal, was andere über mich denken.
- ❒ Ich mag keine Veränderungen.
- ❒ Allein arbeite ich lieber und besser als im Team.
- ❒ Ich sehe die Dinge eher negativ als positiv.
- ❒ Ich habe Angst, dass die Leute herausfinden könnten, dass ich nicht das bin, was ich zu sein scheine.

Haben Sie viele Aussagen bejaht? Dann sollten Sie Ihre Skepsis gegenüber anderen und Ihren Pessimismus ganz schnell über Bord werfen. Wenn Sie zu sich selbst finden wollen, müssen Sie bereit sein, andere zu verstehen und zu akzeptieren. Freuen Sie sich über die Unterschiede und profitieren Sie davon. Falls Sie den meisten Aussagen nicht zugestimmt haben, fühlen Sie sich mit sich und Ihren Beziehungen zu anderen wohl. Sie schätzen die Unterschiede und wissen, dass es Sie wirklich weiterbringt, wenn Sie von anderen lernen.

So reißen Sie Synergie-Barrieren nieder

Wie können Sie Synergie-Barrieren aus dem Weg räumen? Ganz einfach: Sie müssen eine Umgebung schaffen, in der Synergie entstehen kann, und Synergiebeschleuniger nutzen. Die folgende Übung hilft Ihnen herauszufinden, wie oft Sie Synergiebeschleuniger einsetzen.

Nehmen Sie einen Stift und kreisen Sie in der Tabelle auf der nächsten Seite die Zahl ein, die Ihrem Verhalten am ehesten entspricht. Ermitteln Sie dann Ihre Gesamtpunktzahl.

	NIE		MANCHMAL		IMMER
1. Ich bin offen für die Ansichten anderer und diskutiere gerne mit ihnen darüber.	1	2	3	4	5
2. Ich sage ehrlich, was ich denke.	1	2	3	4	5
3. Ich halte meine Versprechen und Verpflichtungen ein.	1	2	3	4	5
4. Ich bewahre in Stresssituationen einen kühlen Kopf.	1	2	3	4	5
5. Ich bringe meine Gefühle klar und deutlich zum Ausdruck.	1	2	3	4	5
6. Ich habe realistische Erwartungen gegenüber anderen.	1	2	3	4	5
7. Ich teile Lob und Erfolg mit anderen.	1	2	3	4	5
8. Ich schätze unterschiedliche Meinungen und bemühe mich, sie zu verstehen.	1	2	3	4	5
9. Ich spreche über die Fakten, ohne zu übertreiben.	1	2	3	4	5
10. Ich übernehme Verantwortung, wenn etwas schiefgeht.	1	2	3	4	5

Auswertung

41–50: Großartig! Sie sind ein wahrer Meister in Sachen Synergie.
21–40: Sie sind auf dem richtigen Weg und schaffen schon ziemlich viel Synergie. Weiter so!
10–20: Achtung! Sie blockieren Synergie.

So schaffen Sie eine dritte, bessere Alternative

Wenn Sie akzeptieren, dass Unterschiede Stärken sind und keine Schwächen, können Sie etwas viel Größeres schaffen als das, was jetzt existiert. Die dritte Alternative entsteht, wenn mehrere Menschen zusammenarbeiten, um etwas Besseres zu erreichen, als jeder von ihnen es allein könnte. Dann gilt: 1 plus 1 = 3 oder sogar noch mehr. Hier geht es nicht um Ihren Weg und auch nicht um meinen, sondern um einen *besseren, höheren Weg*.

Die folgenden fünf Schritte sind der Schlüssel, um die dritte, bessere Alternative zu entwickeln:

1. Das Problem oder die Chance klar definieren.
2. Dem anderen richtig zuhören.
3. Mit dem anderen über die eigenen Ansichten sprechen.
4. Zusammen über die verschiedenen Möglichkeiten nachdenken.
5. Gemeinsam die beste Lösung finden.

Suchen Sie sich eine Beziehung oder ein Projekt aus, bei dem Sie gern mehr Synergie erreichen würden. Notieren Sie, wie Sie die fünf Schritte nutzen können, um eine bessere Lösung zu finden:

1. Das Problem oder die Chance klar definieren:

2. Dem anderen richtig zuhören:

3. Mit dem anderen über die eigenen Ansichten sprechen:

4. Zusammen über die verschiedenen Möglichkeiten nachdenken:

5. Gemeinsam die beste Lösung finden:

Sie haben nun überlegt, wie Sie mehr Synergie erreichen können. Nehmen Sie sich jetzt bitte ein paar Minuten Zeit und schreiben Sie auf, in welcher Hinsicht sich das von Ihrem früheren Verhalten unterscheidet. Wie fühlt sich das Ganze an? Ist es schwer für Sie, Synergie zu schaffen? Was können Sie tun, um künftig mehr Synergie in Ihrem Leben zu erreichen?

So überwinden Sie Ihre ganz persönlichen Synergie-Blockaden

Gibt es in Ihrem Leben Menschen, über die Sie sich aufregen oder wundern? Was sind die Gründe dafür?

Wer	**Grund**

Sehen Sie sich die Dinge an, die Sie ärgern oder verwundern. Worum geht es? Charakterschwächen, wie fehlende Integrität oder Disziplin? Kompetenzschwierigkeiten? Kulturelle Unterschiede? Persönliche Marotten? Überlegen Sie, ob Sie über diese Dinge direkte, indirekte oder gar keine Kontrolle haben.

Wählen Sie aus jedem dieser Bereiche einen ganz bestimmten Aspekt. Wie können Sie die Synergie hier beeinflussen?

Direkte Kontrolle

Indirekte Kontrolle

Keine Kontrolle

Alles, was uns an anderen irritiert, kann uns dabei helfen, uns selbst besser zu verstehen. Die Menschen, die uns aufregen, sind oft unsere besten Lehrer! Wenn Sie mit sich selbst im Reinen sind, können Sie sich viel leichter für die Ideen der anderen öffnen. Versetzen Sie sich immer an die Stelle des anderen. Viele der Vorurteile, die wir nicht aufgeben wollen, sind nur das Resultat eines einzigen Standpunkts – unseres eigenen.

Zusammenzukommen ist ein Anfang; **zusammenzubleiben** ist Fortschritt; **zusammenzuarbeiten** ist Erfolg.

7. Weg

Die Säge schärfen

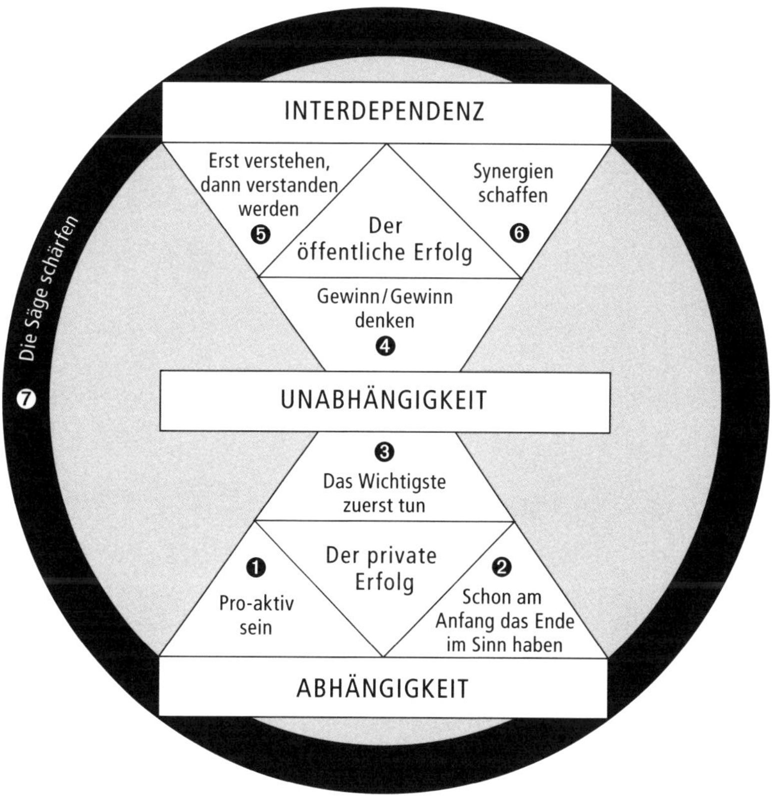

Es ist hilfreich, die Seiten 313 bis 331 in *Die 7 Wege zur Effektivität* zu lesen, bevor Sie mit diesem Kapitel des Workbooks beginnen.

7. Weg: Die Säge schärfen

> *Beim 7. Weg geht es darum, sich Zeit dafür zu nehmen, die Säge zu schärfen. Hier dreht sich alles um den Erhalt und die Vermehrung Ihres wichtigsten Kapitals – und das sind Sie selbst. Der 7. Weg dient der Erneuerung der vier Dimensionen Ihres Seins – der physischen, der spirituellen, der mentalen und der sozial/emotionalen. In uns selbst zu investieren, ist die größte Investition, die wir in unserem Leben machen können. Denn wir selbst sind das einzige Werkzeug, das wir haben, um das Leben zu meistern und etwas beizutragen.*
>
> STEPHEN R. COVEY

Beim 7. Weg – Die Säge schärfen – geht es um eine ausgewogene Erneuerung aller vier menschlichen Dimensionen: der physischen, spirituellen, mentalen und sozial / emotionalen. Wenn Sie sich in diesen vier Bereichen erneuern, schaffen Sie die Basis für Wachstum und Veränderungen in Ihrem Leben. Sie verbessern Ihre Produktivität und Ihre Fähigkeit, gut mit Veränderungen umzugehen. Sie glauben, Sie hätten keine Zeit, um Ihre Säge zu schärfen? Dann sollten Sie sich die Beispiele unten genau ansehen:

- Erforderliche Zeit, um einen Baumstamm mit einer stumpfen Säge zu zerteilen: *30 Minuten.*
- Erforderliche Zeit, um die Säge zu schärfen: *5 Minuten.*
- Erforderliche Zeit, um den Stamm mit einer scharfen Säge zu zerteilen: *10 Minuten.*

Rums! *Sie haben gerade volle 15 Minuten gespart.* Ach, Sie haben noch nie einen Baumstamm in Stücke zersägt? Dann passt vielleicht das folgende Beispiel besser zu Ihnen:

- Zeitaufwand für die Fertigstellung eines wichtigen Projekts, wenn Sie völlig erschöpft sind: *5 Stunden.*

- Zeitaufwand, um die Säge zu schärfen, sich neu zu konzentrieren und richtig durchzustarten: *30 Minuten.*

- Zeitaufwand für die Fertigstellung des wichtigen Projekts, wenn Sie neue Kraft und Energie getankt haben: *4 Stunden.*

Sehen Sie, *Sie haben gerade 30 Minuten gespart*! Die Säge zu schärfen ist also auch für Sie sehr wichtig. Allerdings werden wir nicht einfach so frisch und munter. Wir können nicht mal eben mit den Fingern schnippen und beschließen, uns gut zu fühlen. Ein ausgewogenes Leben können wir nur führen, wenn wir uns ausreichend Zeit nehmen, um uns zu regenerieren. Es liegt allein an Ihnen! Sie können sich regelmäßig erneuern oder Sie können so lange durchpowern, bis Sie völlig ausgebrannt sind. Sie können auftanken und dann ganz entspannt in den neuen Tag gehen oder Sie können morgens total frustriert aufwachen, weil Sie einfach nicht den Antrieb haben, um aus dem Bett zu kommen. Denken Sie bitte daran, dass jeder Tag Ihnen die Chance bietet, Ihre Batterien wieder aufzuladen!

Checklisten für Ihre Erneuerung

Wer sich dauerhaft wohlfühlen will, muss sich regelmäßig erneuern. Lassen Sie sich bei Ihrer Arbeit mit den Checklisten auf den nächsten drei Seiten von Ihrer inneren Stimme leiten. Sie wird Ihnen helfen, dafür zu sorgen, dass der Plan für Ihre Erneuerung, den Sie in diesem Kapitel entwickeln, der richtige für Sie ist.

Checkliste: Physische Dimension

Versehen Sie nur die Punkte mit einem Häkchen, bei denen Sie guten Gewissens mit Ja antworten können:

- ❒ Ich informiere mich regelmäßig über Dinge, die meine Gesundheit und Fitness betreffen.
- ❒ Ich mache mindestens dreimal in der Woche 20 bis 30 Minuten lang Sport.
- ❒ Ich weiß, dass mein Körper Vitamine und Mineralien braucht.
- ❒ Ich habe mein ganz individuelles Fitnessprogramm und versuche, mich kontinuierlich zu steigern.
- ❒ Ich baue Aktivitäten zur Stärkung des Herz-Kreislauf-Systems in mein Training ein.
- ❒ Ich sorge dafür, dass ich ausreichend Schlaf bekomme.
- ❒ Ich ruhe mich aus, wenn mein Körper es braucht.
- ❒ Ich esse weniger als zweimal pro Woche Junkfood.
- ❒ Ich gehe auf eine effektive, positive Weise mit Stress um.
- ❒ Ich achte auf meine Ernährung.

Checkliste: Spirituelle Dimension

Versehen Sie nur die Punkte mit einem Häkchen, bei denen Sie guten Gewissens mit Ja antworten können:

- ❒ Ich habe meine Werte definiert und richte mein Leben danach aus.
- ❒ Ich habe mein persönliches Leitbild verfasst, sodass ich den Sinn meines Lebens immer vor Augen habe.
- ❒ Ich nehme mir regelmäßig Auszeiten zum Meditieren, Lesen oder Nachdenken.

- ❒ Ich verbringe oft Zeit an Orten, an denen ich geistige Erneuerung finde, etwa in der Natur oder einer Kirche.
- ❒ Ich halte Wahrheit, Integrität und Ehre für enorm wichtig.
- ❒ Ich habe den Mut, meinen Standpunkt zu vertreten, auch wenn andere sich mir entgegenstellen.
- ❒ Ich setze mich oft für andere ein, ohne dafür eine Gegenleistung zu erwarten.
- ❒ Ich weiß, welche Dinge ich in meinem Leben ändern kann und welche nicht. Die Dinge, die ich nicht ändern kann, lasse ich los.

Checkliste: Mentale Dimension

Versehen Sie nur die Punkte mit einem Häkchen, bei denen Sie guten Gewissens mit Ja antworten können:

- ❒ Ich lese regelmäßig Zeitschriften oder Bücher.
- ❒ Ich führe ein Tagebuch oder schreibe meine Gedanken und Erlebnisse regelmäßig nieder.
- ❒ Ich verschaffe mir jeden Tag durch Musik, Stille oder Entspannungsübungen einen klaren Kopf.
- ❒ Ich trainiere mein Gedächtnis mit Rätseln oder Denkspielen.
- ❒ Ich habe ein Hobby.
- ❒ Ich achte darauf, mich kontinuierlich weiterzubilden.
- ❒ Ich visualisiere meine Projekte und Pläne, sodass ich das Endergebnis im Sinn habe und mich daran orientieren kann.
- ❒ Ich habe ein System dafür, Informationen wiederzufinden, wenn ich sie brauche.
- ❒ Ich plane meine Zeit und meine Vorhaben systematisch.

Checkliste: Sozial/emotionale Dimension

Versehen Sie nur die Punkte mit einem Häkchen, bei denen Sie guten Gewissens mit Ja antworten können:

- ❒ Ich bin zuverlässig und vertrauenswürdig.
- ❒ Ich habe eine optimistische Lebenseinstellung.
- ❒ Ich vertraue den Menschen in meinem Einflussbereich und unterstütze sie.
- ❒ Ich höre anderen zu und achte darauf, was sie zu sagen haben, statt an das zu denken, was ich sagen will.
- ❒ Ich baue einfühlsame Beziehungen zu anderen auf.
- ❒ Ich nehme mir Zeit für meine wichtigsten Beziehungen.
- ❒ Ich entschuldige mich ehrlich, wenn es nötig ist.
- ❒ Ich gebe auch in »schwierigen Zeiten« nicht auf.
- ❒ Ich weiß, dass ich mich gut um mich selbst kümmern muss.
- ❒ Ich handle überlegt, statt impulsiv auf Menschen und Situationen zu reagieren.

Ich hoffe, dass diese Checklisten Ihnen viele Anregungen und Ideen für Ihre persönliche Erneuerung gebracht haben. Gibt es Bereiche, in denen Sie schon ganz gut sind? Und wie ist es mit den Dimensionen, in denen Sie noch besser werden könnten? In Sachen Erneuerung gibt es keine richtigen oder falschen Pläne. Was zählt, ist, dass Ihr Plan für Sie persönlich funktioniert.

Nehmen Sie sich jetzt bitte etwas Zeit, um über die folgenden Fragen nachzudenken. Sie werden Ihnen helfen, herauszufinden, in welcher Hinsicht Ihr Leben unausgewogen ist und wie Sie ein besseres Gleichgewicht herstellen könnten. Bitte schreiben Sie Ihre Gedanken und Antworten zu den jeweiligen Fragen auf:

1. Nehmen wir an, Sie könnten fünf Dinge auswählen, die Ihnen helfen, sich zu erneuern – welche Dinge wären das?

2. Weshalb würden diese fünf Dinge Ihnen bei der Erneuerung helfen?

3. Welchen Ballast in Ihrem Leben würden Sie gerne loslassen?

4. Was lässt Sie nachts nicht schlafen?

5. Was haben Sie als Kind besonders gerne gemacht?

6. Erinnern Sie sich an eine Zeit, in der Sie wirklich glücklich waren. Wie fühlte sich das an? Was können Sie tun, um sich wieder so zu fühlen?

7. Wie können Sie die Beziehung zu einem Menschen, der Ihnen viel bedeutet, stärken?

8. Was inspiriert und motiviert Sie?

9. Welche Erinnerungen an Ihre Vorfahren können Sie an Ihre Kinder weitergeben?

10. Was tun Sie, damit Ihre Familie sich später einmal an Sie erinnert?

11. Wann haben Sie zum letzten Mal wirklich innere Einkehr gehalten?

12. Was würde in Ihnen das kindliche Gefühl des Staunens entzünden, das Sie früher einmal erfüllte?

13. Wie würde Ihr ganz persönlicher Zufluchtsort aussehen, wenn Sie ihn selbst gestalten könnten? Wann und wie würden Sie ihn nutzen?

14. Welche Ihrer Aktivitäten würden Sie gerne reduzieren?

15. Wovon möchten Sie am liebsten mehr machen?

16. Was macht Ihr Leben kompliziert?

17. Wie könnten Sie sich Ihr Leben einfacher machen?

18. Sagen Sie Ja, wenn Sie in Wirklichkeit Nein sagen wollen? Wozu? Zu wem?

Sehen Sie jetzt klarer? Wissen Sie, wo Sie momentan im Hinblick auf das Schärfen Ihrer Säge stehen? Haben Sie herausgefunden, was Sie verändern wollen? Wunderbar! Dann werden wir das Ganze nun in kleinere Teilschritte aufgliedern, die Sie sehr leicht umsetzen können.

So planen Sie Ihre Erneuerung

Wer sich ein ausgeglichenes Leben wünscht, muss etwas dafür tun. Nur gute Planung und eine konsequente Umsetzung können uns Erneuerung bringen.

Für eine erfolgreiche Planung gibt es zwei Grundvoraussetzungen: *intensive Reflexion* und *ausreichend Zeit für die Umsetzung*. Die intensive Reflexion wird Ihnen helfen, herauszufinden, welche Aktivitäten Ihnen tatsächlich neue Energie bringen können. Und wenn Sie genügend Zeit in Ihrer Tages- und Wochenplanung für Ihre Erneuerung reservieren, können Sie diese Aktivitäten auch erfolgreich umsetzen.

Einen Plan zu verwirklichen, der alle Bereiche Ihres Lebens verbessert, wird Sie rund eine Stunde am Tag kosten. Aber natürlich liegt es allein an Ihnen, wie viel Zeit Sie täglich in Ihre Erneuerung investieren wollen. Denken Sie daran, dass Sie Aktivitäten aus zwei oder mehr Dimensionen problemlos miteinander kombinieren können. Sie könnten beispielsweise mit einem Freund wandern gehen und dabei Ihre Beziehung stärken und gleichzeitig etwas für Ihre körperliche Fitness tun. Oder Sie besuchen gemeinsam mit Ihren Kindern einen Kurs, der Sie alle interessiert. Seien Sie einfach ein bisschen kreativ – es gibt viele Möglichkeiten, Ihren Erneuerungsplan so zu gestalten, dass er optimal zu Ihnen und Ihrem Lebensstil passt.

Erneuerung ist ein Geschenk, das Sie sich machen, keine Pflicht. Lassen Sie sich genügend Zeit, um Ihre Erneuerungsaktivitäten zunächst für einen Bereich zu planen. Beginnen Sie mit diesem Bereich und bringen Sie das Ganze richtig ins Laufen. Wenn Sie Ihren Plan einige Wochen lang umgesetzt haben, sollten Sie Ihre Fortschritte beurteilen. Funktioniert Ihr Plan? Oder sind Änderungen nötig? Wenn ja – dann ändern Sie Ihren Plan. Er ist ja nicht in Stein gemeißelt! Und wenn Sie mit Ihrer Erneuerung in einem Bereich zufrieden sind, dann sollten Sie die nächste Dimension angehen.

Machen Sie bei Ihrer Planung, der Umsetzung und der Analyse immer einen Schritt nach dem anderen. Falls Sie sich bei Ihren Erneuerungsaktivitäten überfordert fühlen, sollten Sie sich eine Pause gönnen und überlegen, was Sie ändern können. Schließlich geht es darum, Stress zu verringern und mehr Balance in Ihr Leben zu bringen – nicht um das Gegenteil!

Physische Erneuerung

Dein Körper wird dir Wohlbefinden schenken,
wenn du ihm Aufmerksamkeit schenkst.
URSPRUNG UNBEKANNT

Damit Sie sich physisch erneuern können, müssen Sie in Sachen Fitness und Ernährung eventuell ganz neue Wege beschreiten. Falls Sie noch Ideen brauchen, blättern Sie bitte zurück zur Checkliste auf Seite 165. Vielleicht ist ja einer der Punkte, die Sie nicht mit einem Häkchen versehen haben, eine gute Ausgangsbasis für Ihr Erneuerungsprogramm?

Bestandsaufnahme

Nehmen Sie sich jetzt bitte ein paar Minuten Zeit, um die folgenden Fragen zu beantworten:

1. Was braucht Ihr Körper für eine Erneuerung?

___

___

___

___

___

2. Gibt es irgendwelche sportlichen Aktivitäten, die Sie gerne mal ausprobieren würden?

3. Möchten Sie mehr über gesunde Ernährung wissen?

4. Wollen Sie mehr über Fitness erfahren?

Erstellen Sie eine Liste mit Aktivitäten, die Ihnen physische Erneuerung bringen könnten. Achten Sie darauf, dass es sich um Dinge handelt, die Ihnen wirklich Spaß machen. Wenn Sie »Ins Fitnessstudio gehen!« aufschreiben, obwohl Sie genau wissen, dass Sie das hassen und doch nicht tun werden, hat das keinen Sinn. Ganz wichtig: Übertreiben Sie es nicht! Sie werden keine Fortschritte machen, wenn Sie sich völlig verausgaben. Sie wollen Ihr Potenzial ja ausschöpfen und vergrößern und nicht total überlasten!

Schreiben Sie hier Ihre Ideen für Aktivitäten auf, die Ihnen körperliche Erneuerung bringen können:

____

____

____

____

____

Plan

Wählen Sie aus Ihrer Liste eine Aktivität, die Sie bei Ihrer Erneuerung wirklich voranbringen würde. Schreiben Sie das Ganze dann als Aussagesatz in der Ich-Form auf. Formulieren Sie Ihren Plan beispielsweise so: »Ich werde mich zehn Tage lang intensiv mit meiner Ernährung befassen.«

Ich werde __________________________________

____

____

____

Wenn Sie Klarheit darüber gewonnen haben, was Sie machen wollen, sollten Sie einen entsprechenden Plan aufstellen. Reservieren Sie einen festen Termin, an dem Sie mit Ihrem physischen Erneuerungsprogramm beginnen werden.

Falls Sie sich vorgenommen haben, drei- bis viermal pro Woche 30 Minuten zu joggen, sollten Sie in den nächsten vier Wochen Termine dafür blocken. Ganz wichtig: Lassen Sie sich von einem Arzt durchchecken, bevor Sie mit Ihren sportlichen Aktivitäten loslegen.

Wenn Sie beschlossen haben, Ihre Ernährung umzustellen, sollten Sie zwei bis drei Tage oder sogar die ganze erste Woche reservieren, um sich die entsprechenden Infos zu beschaffen. Nehmen Sie sich dann in den folgenden Wochen Zeit, damit Sie die nötigen Veränderungen Schritt für Schritt umsetzen können.

Zwischenbilanz

Wenn Sie an Ihrer physischen Erneuerung arbeiten, sollten Sie unbedingt nach den ersten drei bis vier Wochen Zeit für eine kurze Zwischenbilanz einplanen. Legen Sie schon jetzt einen Termin dafür fest. Gehen Sie dann durch, was funktioniert hat und was nicht. Ersetzen Sie die Dinge, die Sie nicht weitergebracht haben, durch andere Aktivitäten. Ziehen Sie ehrlich Bilanz. Notieren Sie hier Ihre Erfolge und auch die Dinge, die Sie ändern müssen:

Sicher wissen Sie, dass es unheimlich guttut, sich hin und wieder so richtig zu verwöhnen. Das löst die Bildung von Glückshormonen aus und sorgt für tolle Laune. Natürlich soll das nicht bedeuten, dass Sie Ihre Selbstdisziplin komplett aufgeben sollen. Nein, Sie sollen sich einfach nur ein bisschen entspannen. Balance heißt nicht nur, auf das zu verzichten, was schlecht für uns ist – wir dürfen uns hin und wieder auch etwas Schönes gönnen.

Spirituelle Erneuerung

> *Die Seele wurde unserem Körper nicht gegeben,*
> *um stillzustehen.*
> JOHN WEBSTER

Spirituelle Erneuerung ist eng verbunden mit unserer persönlichen Führung und der Richtung, die wir unserem Leben geben wollen. Das ist ein sehr privater Aspekt unserer Erneuerung. Unsere Mission – der Sinn unseres Lebens – ist unser innerer Kompass; unsere Werte sind die Leitlinien, die uns den Weg weisen.

Es gehört zu unseren wichtigsten Aufgaben, unseren inneren Kompass kontinuierlich zu warten und auf ihn zu achten. Wenn wir einen Kurs der spirituellen Erneuerung abstecken, entzünden wir das »innere Feuer« in uns. So gewinnen wir die nötige Energie, um auf dem Kurs zu bleiben, den unser Kompass uns vorgibt.

Bestandsaufnahme

Spirituelle Erneuerung umfasst viele Bereiche und bedeutet für jeden Menschen etwas völlig anderes. Sie ist etwas sehr Persönliches und Intimes. Es handelt sich um spirituelle Erneuerung, wenn wir das interpretieren, was unser Bezugsrahmen uns über das sagt, was »da draußen« passiert.

Schreiben Sie Ihre Gedanken zu den folgenden Fragen auf:

1. Welche Aktivitäten werden Ihnen spirituelle Anregung und Inspiration geben und Ihnen helfen, Ihrem inneren Kompass zu folgen?

2. Welche Dinge können Sie tun und an welchen Orten können Sie Ihre Zeit verbringen, um Inspiration zu gewinnen und sich spirituell zu erneuern?

3. Steht Ihr Handeln im Einklang mit Ihren Werten?

Notieren Sie Ihre Ideen für eine spirituelle Erneuerung:

Plan

Wählen Sie aus Ihrer Liste eine Aktivität, die Sie bei Ihrer Erneuerung wirklich voranbringen würde. Schreiben Sie das Ganze dann als Aussagesatz in der Ich-Form auf. Falls Sie sich entschlossen haben, mehrmals im Monat zur spirituellen Erneuerung in die Berge zu gehen, könnten Sie das so formulieren: »Ich werde in diesem Monat viermal in die Berge fahren, und zwar an folgenden Tagen …«

Ich werde ______________________________

____

____

Reservieren Sie feste Termine, wann Sie Ihre guten Vorsätze in Sachen Erneuerung in die Tat umsetzen werden.

Zwischenbilanz

Legen Sie einen Zeitpunkt in drei bis vier Wochen fest, um Ihre Fortschritte zu beurteilen. Wie kommen Sie voran? Spüren Sie, dass sich allmählich eine spirituelle Erneuerung durch Ihr Leben zieht? Sollte das nicht der Fall sein: Welche Änderungen können Sie vornehmen?

Schreiben Sie hier Ihre Erfolge auf und die Dinge, die Sie an Ihrem Erneuerungsplan ändern wollen:

____

____

____

____

____

Mentale Erneuerung

> *Die kontinuierliche Schärfung und Erweiterung unseres Verstandes ist die lebenswichtige mentale Erneuerung … Pro-aktive Menschen finden unzählige Wege, um sich selbst weiterzubilden.*
> STEPHEN R. COVEY

Wer in der heutigen Welt nicht dafür sorgt, dass er sich permanent weiterbildet, wird schnell das Nachsehen haben. Aber keine Sorge! Es gibt unheimlich viele Möglichkeiten, sich mental zu erneuern. Denn es geht nicht nur darum, neues Wissen in Schule und Beruf zu sammeln. Auch Literatur, Kunst, Bildungsfernsehen, Rätsel oder Wissensspiele sind wichtig für unsere mentale Erneuerung.

Bestandsaufnahme

Wissenschaftliche Studien belegen, dass wir unser Gehirn bis ins hohe Alter trainieren können. Sie können Ihren Geist durch kontinuierliche Erneuerung also genauso jung und vital erhalten wie Ihren Körper. Schreiben Sie Ihre Gedanken zu den folgenden Fragen auf:

1. Lösen Sie gern Rätsel? Wenn ja – welche?

2. Haben Sie schon mal versucht, selbst ein Gedicht zu verfassen? Welche Erfahrungen haben Sie dabei gemacht?

3. Würden Sie gern lernen, einfache Wartungsarbeiten an Ihrem Auto oder an irgendeinem technischen Gerät selbst vorzunehmen?

4. Gibt es etwas, was schon immer Ihre Neugierde geweckt hat? Was?

5. Lesen Sie gern oder lieben Sie es, ins Museum zu gehen? Welche Bücher und Museen finden Sie besonders interessant?

6. Gibt es ein Hobby, das Ihnen Spaß machen würde, oder eine handwerkliche Tätigkeit, die Sie erlernen möchten? Wenn ja – was wäre das?

Schreiben Sie jetzt bitte Ihre Ideen für Aktivitäten rund um Ihre mentale Erneuerung auf:

____

____

____

____

____

____

____

____

____

____

____

Plan

Wählen Sie jetzt die Idee aus, mit der Sie Ihr mentales Erneuerungsprogramm gerne beginnen möchten. Schreiben Sie das Ganze als Aussagesatz in der Ich-Form auf. Falls Sie beispielsweise jeden Tag ein neues Wort einer Fremdsprache erlernen möchten, könnten Sie das so formulieren: »Ich werde in den nächsten drei Wochen jeden Tag ein neues Wort lernen.«

Ich werde ____

____

____

Tragen Sie gleich feste Termine für Ihre mentale Erneuerung in Ihrem Kalender ein. Wenn Sie beschlossen haben, eine neue Fertigkeit zu erlernen, reservieren Sie am bestem mehrmals pro Woche Zeit dafür. Ganz wichtig: Planen Sie gleich einige Wochen im Voraus.

Zwischenbilanz

Nach etwa vier Wochen sollten Sie Ihre Fortschritte in Sachen mentale Erneuerung überprüfen. Reservieren Sie gleich jetzt einen Termin für Ihre persönliche Rückschau. Beurteilen Sie dann, wie gut Ihr Erneuerungsplan funktioniert. Ändern oder reduzieren Sie die Dinge, die noch nicht richtig klappen.

Notieren Sie hier, welche Fortschritte Sie schon verbuchen können und was Sie in Zukunft anders machen wollen:

____

____

____

____

____

____

____

____

Sozial / emotionale Erneuerung

> *Die wichtigste »Zutat« für unsere Beziehungen ist nicht das, was wir sagen oder tun, sondern das, was wir sind.*
> STEPHEN R. COVEY

Beziehungen können unser Leben ganz besonders bereichern. Bei allen Beziehungen spielen Vertrauen, Freundlichkeit, Werte und Loyalität eine wichtige Rolle.

In unserer von Hast und Hetze geprägten Welt gehen wir oft davon aus, dass wir schnell Freunde gewinnen können. Doch dabei verwechseln wir Bekanntschaften mit Beziehungen.

Wirklich bedeutsame Beziehungen erfordern bewusste Bemühungen. Sie wissen ja, dass Beziehungen wie Bankkonten sind und ihre Qualität davon abhängt, wie viel wir einzahlen. Versprechen halten, dem anderen kleine Gefälligkeiten und Aufmerksamkeiten erweisen, ihm Unterstützung bieten, zuhören und sich Zeit nehmen – das sind nur einige Einzahlungen, die wir vornehmen können.

Wer dafür sorgt, dass seine emotionalen Beziehungskonten gut gefüllt sind, wird wundervolle Dividenden bekommen – tiefere, bedeutsamere Beziehungen.

Bevor Sie sich überlegen, welche Aktivitäten Ihnen bei Ihrer sozial / emotionalen Erneuerung nützlich sein könnten, sollten Sie sich Folgendes klarmachen: Die sozial/emotionale Erneuerung hat zwei gleich wichtige Komponenten – uns selbst und die anderen.

1. Sie selbst

Sie müssen wissen, dass Sie nie eine vollständige Erneuerung erreichen können, wenn Sie nicht erst in Ihr persönliches emotionales Beziehungskonto investieren. Wir alle brauchen Respekt. Wir alle haben ganz bestimmte Bedürfnisse. Wir alle wünschen uns bedingungslose Liebe und Rücksicht.

Sie müssen nicht das Gefühl haben, leer und ausgelaugt zu sein! Sie können pro-aktiv etwas dagegen tun. Sie sind selbst der oder die Hauptverantwortliche dafür, dass Ihre Bedürfnisse erfüllt werden. Sie haben es in der Hand!

Beim ersten Schritt Ihrer sozial/emotionalen Erneuerung sollten Sie sich um sich selbst kümmern. Was können Sie tun, um Rücksicht, Fürsorge und Liebe für sich selbst zu zeigen? Verlassen Sie sich bei den Einzahlungen auf Ihr eigenes emotionales Beziehungskonto ruhig auf Ihr Gefühl – es wird Ihnen zeigen, was gut und richtig für Sie ist.

Bestandsaufnahme

Sie haben das Recht, sich erst um sich selbst zu kümmern, bevor Sie sich anderen zuwenden. Aus einer leeren Flasche können Sie ja auch niemandem ein erfrischendes Getränk ausgießen. Wenn Sie sich Zeit für sich selbst nehmen, wird die Überfluss-Mentalität Ihre Flasche wieder füllen und sich auch auf Ihre anderen Beziehungen ausweiten. Nur wer sich wirklich gut um sich selbst kümmert, kann sich auch gut um andere kümmern.

Bitte schreiben Sie Ihre Gedanken zu den folgenden Fragen auf:

1. Gibt es einen ruhigen Ort, an den Sie sich zurückziehen können?

____

____

____

____

____

2. Umgeben Sie sich mit Menschen, die Ihnen wirklich Unterstützung bieten?

____

____

____

3. Haben Sie schon mal daran gedacht, Termine mit sich selbst zu vereinbaren?

4. Glauben Sie an Ihre Ziele und Träume?

5. Wissen Sie, wie Sie sich Ihre persönlichen Bedürfnisse erfüllen können?

Denken Sie an Situationen, in denen Sie sich umsorgt, akzeptiert, gebraucht und geliebt fühlten. Können Sie sich an ein vergleichbares Erlebnis erinnern, bei dem Sie für andere da waren?

Schreiben Sie jetzt Ihre Ideen für Ihre Selbst-Erneuerung auf. Was können Sie sofort tun?

Plan

Welche Idee wollen Sie als Erstes umsetzen? Schreiben Sie sie als Aussagesatz in der Ich-Form auf. Falls Sie beispielsweise beschlossen haben, dass eine wöchentliche Verabredung mit sich selbst Sie erneuern würde, könnten Sie notieren: »Ich werde zwei Stunden in der Woche dafür einplanen, mich mit mir selbst zu verabreden.«

Ich werde ______________________________

____

____

Planen Sie die Verwirklichung Ihrer Idee und halten Sie konkrete Termine dafür in Ihrem Kalender fest. Reservieren Sie auch gleich Zeit für Ihre Selbstbeurteilung. Ganz wichtig: Setzen Sie den Termin für Ihre Rückschau möglichst schon nach den ersten 14 Umsetzungstagen an.

Zwischenbilanz

Nehmen Sie sich Zeit, um Ihre Fortschritte bei Ihrer sozial / emotionalen Erneuerung zu beurteilen. Achten Sie darauf, ob Sie sich besser fühlen, seit Sie Ihren Erneuerungsplan umsetzen.

Falls Sie die gewünschten Ergebnisse erzielen, sollten Sie unbedingt mit Ihrem Plan weitermachen. Falls Sie Änderungen vornehmen müssen, tun Sie das bitte und probieren Sie eine Woche lang aus, ob Sie die angestrebte Erneuerung nun erreichen.

Schreiben Sie auf, was funktioniert hat und was nicht. Was wollen Sie ändern?

____

____

____

____

____

____

____

2. Die anderen

Wenn Sie sich genügend Zeit für Ihre Erneuerung nehmen und allmählich ein tiefes inneres Gefühl Ihres persönlichen Wertes und der Sicherheit gewinnen, werden Sie feststellen, dass Ihre Aktivitäten jetzt zum Teil aus einer Überfluss-Mentalität erwachsen. Sie werden sehen, dass es mehr als genug für alle gibt. So können Sie die persönliche Freude und Erfüllung, die Sie finden, wenn Sie sich um sich selbst kümmern, nach außen weitertragen.

Da Sie Ihre eigenen unbegrenzten Möglichkeiten erkennen und Ihre Einzigartigkeit schätzen, würdigen Sie diese Eigenschaften nun auch bei anderen stärker. Sie werden anderen aufmerksamer zuhören, klarer mit ihnen kommunizieren und sie besser respektieren. Mit anderen Worten: Sie werden beginnen, Einzahlungen auf ihre emotionalen Beziehungskonten zu machen.

Bestandsaufnahme

Jeder Beziehung verlangt nach ganz besonderen Einzahlungen. Manche Menschen betrachten Umarmungen, Komplimente und kleine Geschenke als Einzahlungen, andere wünschen sich vor allem Zuverlässigkeit und tatkräftige Unterstützung. Überlegen Sie sich mehrere Aktivitäten, mit denen Sie Ihre Beziehungen zu anderen bereichern können. Gibt es in Ihrer Familie oder Ihrem engen Freundeskreis einen Menschen, der Ihre Aufmerksamkeit braucht? Fällt Ihnen spontan jemand ein, den Sie besonders schätzen und gern besser kennenlernen würden?

Bitte beantworten Sie die folgenden Fragen:

1. Wie können Sie Ihre Beziehung zu Ihrem Partner stärken?

____

____

____

____

2. Müssen Sie mehr darüber lernen, welche Einzahlungen bei Ihren Beziehungen besonders wichtig sind?

3. Für wen sollten Sie sich unbedingt mehr Zeit nehmen?

4. Sollten Sie sich sozial engagieren?

5. Wem sollten Sie mehr Respekt entgegenbringen?

6. Müssen Sie lernen, anderen besser zuzuhören?

Schreiben Sie auf, was Sie tun könnten, um soziale Investitionen zu tätigen:

Plan

Mit welcher Idee möchten Sie gleich anfangen? Formulieren Sie das Ganze als Aussagesatz in der Ich-Form. Falls Sie Ihre Beziehung zu einem Ihrer Kinder stärken wollen, könnte das beispielsweise so aussehen: »Ich werde meinem Kind unter der Woche jeden Abend zehn bis 15 Minuten lang etwas vorlesen.«

Ich werde ______________________________

Reservieren Sie feste Termine, um die Beziehung zu Ihrem Kind in der nächsten Woche zu erneuern.

Zwischenbilanz

Eine Pflanze oder ein Tier würden wir nicht über längere Zeit vernachlässigen. Doch um uns selbst kümmern wir uns oft viel zu wenig. Dabei erfordern unsere inneren Bedürfnisse viel Aufmerksamkeit. Wer eine sozial / emotionale Erneuerung anstrebt, muss regelmäßig Aktivitäten zur Pflege seiner Beziehungen einplanen. Nehmen Sie sich Zeit, Ihre Erfolge und Fortschritte nach der ersten Woche zu beurteilen. Und wenn Sie wirklich mutig sind, dann bitten Sie andere um ihr Feedback. Überprüfen Sie Ihre Fortschritte aus der Perspektive der Menschen, die Ihnen nahestehen.

VIERTER TEIL

Und was jetzt?

Und was jetzt?

> *Das Leben verläuft nicht in geordneten Bahnen. Sosehr wir uns auch anstrengen, Ordnung zu schaffen – mittendrin sterben wir, verlieren ein Bein, verlieben uns oder lassen ein Glas Marmelade fallen.*
>
> NATALIE GOLDBERG

Die Umsetzung eines Erneuerungsplans kann einen ziemlich verunsichern. Vielleicht fühlen Sie sich jetzt, nachdem Sie alle wesentlichen Schritte vollzogen haben, ausgelaugt und erdrückt – und kein bisschen erneuert. Keine Sorge! Das ist ganz normal. Falls es Ihnen gelungen ist, Ihren Plan erfolgreich umzusetzen, kann ich Ihnen nur gratulieren. Wenn nicht, sollten Sie unbedingt weiterlesen. Ich möchte Ihnen zum Schluss noch einige Hinweise, Tipps und Ideen für Ihre persönliche Erneuerung geben – und Ihnen Mut machen, durchzuhalten.

Was können Sie tun, wenn der Stress mal wieder riesengroß ist?

Holen Sie tief Luft und tanken Sie Sauerstoff!

Wenn Sie tief durchatmen, hilft Ihnen das, besser mit Stress umzugehen. Drücken Sie Ihre Zunge hinter den Zähnen an Ihren Gaumen, atmen Sie tief durch die Nase ein und saugen Sie sich mit Luft voll, bis sich Ihr Bauch wie der eines Babys wölbt. Atmen Sie dann langsam durch die Nase oder den Mund aus. Machen Sie das mindestens dreimal – das wird Ihnen helfen, wieder zur Ruhe zu kommen.

Gehen Sie auf Abstand

Gehen Sie auf Abstand und fragen Sie sich: »Gut – wird mir das alles in einem Monat noch wichtig sein? Und was ist in einem Jahr?« Wenn Sie sich schon Stress machen, sollte es auch einen guten Grund dafür geben. Und falls das Ganze Ihnen plötzlich irgendwie lächerlich vorkommt, dann lachen Sie doch einfach darüber.

Behalten Sie die Kontrolle

Bestimmen Sie selbst, wie Sie auf Stress reagieren: Wut, Mut, Humor, Mitleid, Traurigkeit ... Solange Sie die Kontrolle behalten, sind alle Emotionen erlaubt.

Praxis-Tipps für Ihre Selbst-Erneuerung

Fangen Sie klein an. Starten Sie Ihre Erneuerung mit einer Aktivität, die Ihnen wirklich Spaß macht. Haben Sie schon mal den Wunsch gehabt, einen Kurs in Metaphysik zu besuchen? Nein? Dann suchen Sie sich eben etwas, was Sie wirklich interessiert. Ich bin sicher, dass Ihnen da was einfällt.

Machen Sie weiter. Wenn es bereits Aktivitäten gibt, die Ihnen helfen, sich mit Erfolg zu erneuern, sollten Sie diese Dinge unbedingt auch weiterhin machen. Sie müssen das Rad ja nicht neu erfinden!

Lassen Sie sich Zeit. Spielen Sie mit unterschiedlichen Ideen, bis Sie die richtige Kombination der Dinge finden, die für Sie funktionieren. Denken Sie daran, Aktivitäten aus mehreren Dimensionen miteinander zu verbinden und so gleich zwei Fliegen mit einer Klappe zu schlagen.

Nehmen Sie sich nicht zu viel vor. Falls Ihre Erneuerungsaktivitäten Ihre ganze Zeit beanspruchen, werden Sie sich eher gestresst als belebt fühlen. Sie sollten nicht zu viel von sich verlangen und auch keine Patentlösung erwarten.

Bleiben Sie flexibel. Kaum ein Plan wird für immer und ewig funktionieren. Die Zeiten ändern sich, Ihre Interessen und Fähigkeiten auch. Passen Sie Ihre Aktivitäten immer den aktuellen Umständen an.

Achten Sie auf Ihre Selbstwahrnehmung. Ihre Vorlieben und Abneigungen und Ihr persönlicher Stil werden Ihnen helfen, Aktivitäten zu finden, die Ihnen die bestmögliche Erneuerung bringen.

Ihr persönlicher Zufluchtsort

Ist Ihr Zuhause ein Zufluchtsort oder bloß eine nervtötende Mahnung, dass man die Teppiche regelmäßig saugen muss? Machen Sie Ihr Haus oder Ihre Wohnung zu einem Ort, an dem Sie sich wirklich wohlfühlen. Die folgenden Vorschläge helfen Ihnen dabei:

Verwöhnen Sie sich hin und wieder mit Blumen. Frische Blumen riechen wundervoll und bringen Farbe in Ihr Zuhause. Schon Gänseblümchen in einem einfachen Glas können ein Gefühl der heiteren Ruhe erzeugen.

Hören Sie Ihre Lieblingsmusik. Musik macht gute Laune und hilft Ihnen, sich zu entspannen und wieder zu sich selbst zu finden.

Räumen Sie gründlich auf. Sammeln Sie alles ein, was herumliegt. Packen Sie das Ganze in eine große Kiste, die Sie später mal durchsehen können. Ein aufgeräumtes Zuhause schafft Ruhe und Klarheit.

Versuchen Sie es mal mit einer Aromatherapie. Kerzen, Öle, Kissen oder Sprays duften wunderbar und sind Balsam für die Seele.

Schaffen Sie ein gesundes Raumklima mit Zimmerpflanzen. Pflanzen sehen nicht nur hübsch aus, sondern sie wirken auch positiv auf das Raumklima und unser Wohlbefinden. Viele Zimmerpflanzen erhöhen den Sauerstoffgehalt in der Luft, schlucken Schadstoffe und verbessern Ihre Stimmung.

In fünf Schritten zur inneren Erneuerung

1. *Erinnern Sie sich.* Welche Ziele und Träume haben Sie im Lauf der Jahre aus den Augen verloren? Erinnern Sie sich und machen Sie Ihre Wünsche wahr.

2. *Erschaffen Sie etwas.* Manchmal wagen wir es nicht, unsere Gedanken und Gefühle klar auszudrücken. Bringen Sie Ihre Ideen zu Papier – erschaffen Sie etwas, selbst wenn Sie für den Anfang wieder mal zu einer Schachtel Buntstifte greifen.

3. *Freuen Sie sich uneingeschränkt.* In Ihrem Leben muss es etwas geben, worüber Sie sich uneingeschränkt freuen können. Vielleicht einen Sonnenuntergang, einen Garten mit schönen Blumen oder ein Musikstück, das Sie besonders lieben ... Genießen Sie etwas, das Sie wirklich wollen und Sie rundum glücklich macht.

4. *Stillen Sie Ihr inneres Verlangen.* Wenn Sie nie Durst verspüren, wird Ihr Körper austrocknen. Das Verlangen in Ihrem Inneren sollten Sie genau wie Durst stillen. Was wünschen Sie sich? Verwirklichen Sie Ihre inneren Sehnsüchte, das gibt Ihrer Seele Nahrung.

5. *Achten Sie auf Ihre Bedürfnisse.* Unsere Bedürfnisse vernachlässigen wir oft ebenso stark wie unsere Sehnsüchte. Doch sie sitzen tiefer. Wenn Sie Ruhe brauchen, sollten Sie sie sich eine Auszeit gönnen. Wenn Sie das Bedürfnis nach Lachen haben, sollten Sie fröhlich sein. Und wenn Sie sich Liebe wünschen, sollten Sie sie wachsen lassen.

So können Sie sich das Leben viel einfacher machen

Nehmen Sie sich jeden Tag Zeit, um sich zu entspannen. Gönnen Sie sich ein warmes Bad, bevor Sie ins Bett gehen, oder führen Sie ein Tagebuch. Erkennen Sie an, dass es völlig in Ordnung – ja sogar wichtig – ist, nicht alles zu machen.

Lassen Sie den Fernseher an einem Abend in der Woche aus. Sie werden erstaunt sein, wie viel Zeit Sie so für sich gewinnen. Vielleicht machen Sie es sich dann sogar zur Gewohnheit, Ihren Fernseher öfter mal einfach abzuschalten!

Werden Sie nicht zum Sklaven von Telefon und Handy. Sie müssen nicht rund um die Uhr erreichbar sein! Wozu gibt es Anrufbeantworter und Mailbox? Wenn es wichtig ist, wird der Anrufer Ihnen bestimmt eine Nachricht hinterlassen. Und: Wenn Sie immer wieder lästige Werbeanrufe bekommen, sollten Sie Ihren Namen von der Adressliste des Unternehmens streichen lassen.

> *Seien Sie geduldig mit sich selbst. Selbstwachstum ist ein zartes Pflänzchen, das intensiv gepflegt werden will.*
> STEPHEN R. COVEY

Schlusswort

Die Umsetzung der *7 Wege* wird Ihnen helfen, die Verantwortung für Ihr Leben zu übernehmen, zu entscheiden, was wirklich wichtig ist, Ihr Handeln an universellen Prinzipien auszurichten und eine Überfluss-Mentalität zu entwickeln.

Das Ablegen alter Gewohnheiten kann man mit einem Spaceshuttle vergleichen, das sich aus der Erdatmosphäre löst. Die Reise eines Shuttles ins Weltall dauert nur achteinhalb Minuten, erfordert aber eine gigantische Antriebskraft. Der Großteil der Energie muss dafür aufgewendet werden, die Schwerkraft der Erde zu überwinden.

Wenn das Shuttle die Schwerkraft überwunden hat und die Erde mit der beeindruckenden Geschwindigkeit von über 28000 Kilometern pro Stunde in einer Höhe von 480 Kilometern umkreist, eröffnet sich den Astronauten in der Schwerelosigkeit ein unendliches Spektrum neuer Möglichkeiten. Der ehemalige US-Senator Jake Garn erinnert sich: »Ich konnte mich allein dadurch, dass ich etwas Luft auspustete, rückwärts bewegen, und ein kleiner Schubs mit der Fingerspitze ließ mich schneller vorankommen, als mir lieb war.«

Um die Schwerkraft zu überwinden, die tief verwurzelte Gewohnheiten auf uns ausüben, müssen wir uns von den Erwartungen unseres Umfelds und eingefahrenen Verhaltensmustern befreien. Sobald wir das tun, gewinnen wir wahre Stärke und Freiheit.

Fangen Sie an, nach den 7 Wegen zu leben!

Wer in einer von Umbruch und Wandel geprägten Welt bestehen will, muss sich ständig weiterentwickeln. Es erfordert viel Initiative und Disziplin und eine große Vision, nicht immer wieder in Mittelmäßigkeit, Stagnation oder Selbstzufriedenheit zu verfallen. Das geht nur, wenn wir bereit sind, den Preis für das Erreichen unseres privaten Erfolgs zu zahlen.

Die folgenden acht Schritte helfen Ihnen, nach den 7 *Wegen* zu leben:

1. Lernen Sie, auch mal zu schweigen, zu meditieren und mit einer gewissen Stille zu leben. Denken Sie über Ihr persönliches Leitbild und Ihre einzigartigen menschlichen Fähigkeiten und Talente nach. Und: Machen Sie anderen keine übertriebenen Versprechungen. Geben Sie ihnen lieber kleinere Versprechen, die Sie auch einhalten können.

2. Schärfen Sie die Säge kontinuierlich und wenden Sie jeden Tag Zeit dafür auf, die vier Dimensionen Ihres Lebens zu erneuern: die physische, spirituelle, mentale und sozial/emotionale. Im Rahmen Ihrer Selbsterneuerung sollten Sie sich jeden Morgen die folgenden Fragen stellen:

   - Was will ich heute tun?
   - Wie werde ich heute mit den Menschen umgehen, die ich liebe?
   - Wie werde ich die Herausforderungen, die der heutige Tag bringt, erfolgreich meistern?

   Beantworten Sie diese Fragen und denken Sie dann über Ihr Leitbild und darüber, wofür Sie stehen und was der Sinn Ihres Lebens ist, nach.

3. Machen Sie Einzahlungen auf die emotionalen Konten bei Ihren wichtigsten Beziehungen und kümmern Sie sich um die Menschen, die Ihnen nahestehen. Ohne Glück und Harmonie in Familie und Privatleben kann es keine anderen Erfolge geben.

4. Verbringen Sie mehr Zeit in Quadrant II. Entscheiden Sie, was wirklich wichtig ist, und arbeiten Sie dann an diesen Dingen. Sagen Sie Nein zu Aktivitäten, die nicht in Quadrant II gehören. Geben Sie Aufgaben und Verantwortung an andere ab, sodass Sie Ihre Zeit und Energie besser nutzen können.

5. Überzeugen Sie sich davon, dass Ihr Leitbild zu Ihren aktuellen Lebensumständen passt, und arbeiten Sie an der Entwicklung eines Familienleitbilds.

6. Entscheiden Sie, was Sie sich für Ihre Familie wünschen, und sorgen Sie dann für eine Ihren Prioritäten entsprechende Planung und Umsetzung.

7. Lesen Sie die *7 Wege* immer wieder und geben Sie das Buch auch an andere weiter – beispielsweise an Familie, Freunde und Kollegen.

8. Seien Sie nachsichtig und geduldig mit sich selbst. Machen Sie sich aber auch klar, dass Sie den Preis dafür zahlen müssen, die *7 Wege* zu einem festen Bestandteil in Ihrem Leben zu machen: Es reicht nicht, die *7 Wege* nur zu kennen – Sie müssen auch nach ihnen leben.

> *Je härter der Konflikt, desto ruhmreicher der Triumph. Das, was wir zu leicht erringen, schätzen wir zu wenig. Nur was uns teuer ist, hat großen Wert … Ich liebe die Menschen, die in Schwierigkeiten lächeln können, die aus Leid Stärke gewinnen und durch Reflexion tapfer werden. Kleingeister schrecken leicht zurück. Doch Menschen, deren Herz fest ist und deren Gewissen ihr Verhalten gutheißt, werden immer bei ihren Prinzipien bleiben.*
>
> THOMAS PAINE

Bei dieser Publikation handelt es sich um ein persönliches Workbook, das ausschließlich für den individuellen Gebrauch bestimmt ist. Eine Nutzung in Kursen, Gruppen oder als Teil von Schulungsprogrammen in Unternehmen oder Organisationen darf nur durch zertifizierte FranklinCovey-Trainer erfolgen. Vervielfältigungen zum Einsatz in Trainings sind nicht erlaubt.

Über das FranklinCovey Leadership Institut können Sie Mitarbeiter Ihres Unternehmens zum FranklinCovey-Trainer für die 7 Wege zur Effektivität und weitere Trainings-Programme zertifizieren lassen oder bereits zertifizierte Trainer buchen. Bitte nehmen Sie dazu Kontakt mit uns auf: info@franklincovey.de

Ausführliche Kontaktinformationen finden Sie auf Seite 207.

Über FranklinCovey

Unser Leitbild

Wir befähigen Menschen und Organisationen zu wahrer Größe – überall auf der Welt.

FranklinCovey (NYSE: FC) ist das global führende Beratungs- und Trainingsunternehmen für die Themen Strategieumsetzung, Kundenloyalität, Führung, Vertrauen und individuelle Effektivität. FranklinCovey ist in über 140 Ländern vertreten und berät Unternehmen und Organisationen aller Größen und Branchen. Zu unseren Kunden gehören 90 Prozent der Unternehmen in den Fortune 100, über 75 Prozent der Unternehmen in den Fortune 500, Tausende kleiner und mittelgroßer Firmen sowie zahlreiche Behörden und Bildungsinstitutionen.

Zu den Kerndienstleistungen von FranklinCovey gehören die weltweit bewährten Trainingsprogramme:

- Die 7 Wege zur Effektivität – Programm zur Steigerung der persönlichen und beruflichen Effektivität.
- Leadership: Führen. Inspirieren. Ergebnisse erzielen.
- Schnelligkeit durch Vertrauen.
- Die 4 Disziplinen erfolgreicher Umsetzung.
- Focus: Erreichen, was wirklich wichtig ist.
- Helping Clients Succeed™.

Zu jedem unserer Programme bieten wir auch 360° Assessments an, die für Einzelpersonen oder Teams durchgeführt werden können. So können Sie zum Beispiel mit dem »7-Wege-Profil« bestimmen, wie gut Sie bei der Umsetzung der 7 Wege sind und welche Fortschritte Sie dabei machen.

Über FranklinCovey im deutschsprachigen Raum

Im deutschsprachigen Raum wird FranklinCovey durch die Leadership Institut GmbH mit Büros in Deutschland, Österreich und der Schweiz vertreten. Das Leadership Institut bietet das Beratungs- und Trainingsspektrum von FranklinCovey in deutscher Sprache und auf unsere kulturellen Anforderungen zugeschnitten an.

Darüber hinaus entwickeln und implementieren die Experten des Leadership Instituts maßgeschneiderte Lösungen rund um Führung und Effektivität für Organisationen, Teams und Einzelpersonen. Das Portfolio reicht von persönlichen und Team-Assessments sowie Organisations-Befragungen über Vorträge, Workshops, Blended Learning Angeboten und Führungskräftetagungen bis zur Ausbildung firmeninterner Trainer und Coaching.

Auf der speziellen Website www.7wege.franklincovey.de erfahren Sie mehr darüber, was Sie über Buch und Workbook hinaus für die nachhaltige Umsetzung der 7 Wege zur Effektivität in Ihrem Umfeld tun können. Dort finden Sie auch ergänzende Inhalte zu diesem Buch.

FranklinCovey Deutschland
Leadership Institut GmbH
Bavariafilmplatz 3
D-82031 Grünwald
+ 49 (0) 89 / 45 21 48 – 0
www.franklincovey.de

FranklinCovey Österreich
Leadership Institut GmbH
Parkring 10
A-1010 Wien
+ 43 (0) 1 / 320 16 22
www.franklincovey.at

FranklinCovey Schweiz
Leadership Institut GmbH
Bogenstrasse 7 / Postfach
CH-9001 St. Gallen
+ 41 (0) 71 / 277 19 33
www.franklincovey.ch

Über den Autor

Dr. Stephen R. Covey, international anerkannter Experte zum Thema »Führung«, hat sich als Dozent, Autor und Unternehmensberater einen Namen gemacht. Der Mitbegründer und Vice Chairman von FranklinCovey Co. ist der Verfasser des internationalen Bestsellers *Die 7 Wege zur Effektivität*, den das Magazin *Chief Executive* zu den einflussreichsten Wirtschaftsbüchern der letzten 100 Jahre zählt. Das Buch, von dem bisher weltweit fast 20 Millionen Exemplare verkauft wurden, steht auch nach 20 Jahren noch auf den meisten Bestsellerlisten. In den letzten 40 Jahren hat Stephen R. Covey Millionen von Menschen – darunter Staatsoberhäupter und Konzernchefs – die Prinzipien vermittelt, von denen die Effektivität von Einzelpersonen und Organisationen abhängt.

- 2002 erkor *Forbes Die 7 Wege zur Effektivität* zu einem der zehn einflussreichsten Managementbücher aller Zeiten.
- Aus einer Umfrage des *Magazins Chief Executive* ging *Die 7 Wege zur Effektivität* als einer der beiden einflussreichsten Wirtschaftstitel des 20. Jahrhunderts hervor. Stephen R. Covey hat auch das Buch *Principle-Centered Leadership (Die effektive Führungspersönlichkeit)* verfasst, von dem mehr als eine Million Exemplare verkauft wurden.
- Das Hörbuch *Die 7 Wege zur Effektivität* ist mit über 1,5 Millionen Exemplaren die meistverkaufte Audiofassung eines Sachbuchs aller Zeiten.
- *First Things First (Der Weg zum Wesentlichen)*, mit den Koautoren A. Roger und Rebecca R. Merrill, verkaufte sich im ersten Jahr doppelt so gut wie die amerikanische Hardcover-Ausgabe der 7 *Wege zur Effektivität*. Insgesamt gingen über zwei Millionen Exemplare über die Ladentische. Laut dem Verlag Simon & Schuster ist »*Der Weg zum Wesentlichen* der größte Bestseller aller Zeiten im Bereich Zeitmanagement«.

- Stephen R. Coveys *The 7 Habits of Highly Effective Families (Die 7 Wege zur Effektivität für Familien)* erschien im Oktober 1997 und kletterte innerhalb von nur drei Monaten in der Bestsellerliste der *New York Times* auf Platz 4. Es ist der Bestseller Nummer eins bei den gebundenen Büchern rund um das Thema Familie.
- Die neuesten Bücher von Stephen R. Covey sind *Predictable Results in Unpredictable Times* (*Führen unter neuen Bedingungen;* zusammen mit Bob Whitman und Dr. Breck England), sowie *Great Work, Great Career* (zusammen mit Jennifer Colosimo).

Das *Time Magazine* und *Sales and Marketing Management* zählen Dr. Covey zu den 25 einflussreichsten US-Amerikanern. Er hat sieben Ehrendoktortitel erhalten.

Stephen R. Covey studierte zunächst an der University of Utah, dann an der Harvard University Betriebswirtschaft. Er promovierte an der Brigham Young University, wo er 20 Jahre lang eine Professur für Business Management innehatte. Er und seine Frau Sandra leben in den Rocky Mountains in Utah.

Die Covey-Bibliothek

GABAL

Bücher

Stephen R. Covey, Bob Whitman
Führen unter neuen Bedingungen
ISBN 978-3-86936-050-8
€ 19,90 (D) / € 20,50 (A) / sFr 30,50

Stephen R. Covey
Die 7 Wege zur Effektivität
ISBN 978-3-89749-573-9
€ 24,90 (D) / € 25,60 (A) / sFr 37,90

Stephen R. Covey
Der 8. Weg
ISBN 978-3-89749-574-6
€ 29,90 (D) / € 30,80 (A) / sFr 43,90

S. M. R. Covey, R. R. Merrill
Schnelligkeit durch Vertrauen
ISBN 978-3-89749-908-9
€ 29,90 (D) / € 30,80 (A) / sFr 43,90

Stephen R. Covey
Die 7 Wege zur Effektivität für Familien
ISBN 978-3-89749-728-3
€ 29,90 (D) / € 30,80 (A) / sFr 43,90

Sean Covey
Die 7 Wege zur Effektivität für Jugendliche
ISBN 978-3-89749-663-7
€ 29,90 (D) / € 30,80 (A) / sFr 43,90

Audio

Stephen R. Covey
Die 7 Wege zur Effektivität
ISBN 978-3-89749-624-8
€ 49,90 (D) / € 50,40 (A) / sFr 81,00

Stephen R. Covey
Der 8. Weg
ISBN 978-3-89749-688-0
€ 59,90 (D) / € 60,50 (A) / sFr 96,90

Stephen R. Covey
Die 7 Wege zur Effektivität für Manager
ISBN 978-3-89749-890-7
€ 29,90 (D) / € 30,20 (A) / sFr 48,90

Stephen R. Covey, Stephen M. R. Covey,
Über Vertrauen
ISBN 978-3-86936-093-5
€ 29,90 (D) / € 30,20 (A) / sFr 48,90

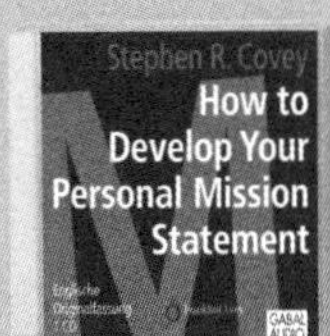

Sean Covey
How to Develop Your Personal Mission Statement
ISBN 978-3-86936-092-8
€ 19,90 (D) / € 19,90 (A) / sFr 33,90

Stephen R. Covey
Focus: Achieving Your Highest Priorities
ISBN 978-3-86936-031-7
€ 29,90 (D) / € 30,20 (A) / sFr 48,90

Weitere Informationen finden Sie unter www.gabal-verlag.de

Management – fundiert und innovativ

GABAL

K. Friedrich, F. Malik, L. J. Seiwert
Das große 1x1 der Erfolgsstrategie
ISBN 978-3-86936-001-0
€ 24,90 (D) / € 25,60 (A) / sFr 42,90

Barbara Schneider
Fleißige Frauen arbeiten, schlaue steigen auf
ISBN 978-3-89749-912-6
€ 19,90 (D) / € 20,50 (A) / sFr 33,90

Hermann Scherer
Jenseits vom Mittelmaß
ISBN 978-3-89749-910-2
€ 49,00 (D) / € 50,40 (A) / sFr 7

Ralph Goldschmidt
Shake your Life
ISBN 978-3-86936-107-9
€ 29,90 (D) / € 30,80 (A) / sFr 48,90

Peter Klaus Brandl
Crash Kommunikation
ISBN 978-3-86936-055-3
€ 24,90 (D) / € 25,60 (A) / sFr 42,90

Frauke Ion, Markus Brand
Motivorientiertes Führen
ISBN 978-3-86936-005-8
€ 29,90 (D) / € 30,80 (A) / sFr 4

H. Schäffner, S. Frädrich
So kommen Sie als Experte ins Fernsehen
ISBN 978-3-86936-002-7
€ 39,90 (D) / € 41,10 (A) / sFr 64,90

Friedbert Gay
Das DISG® Persönlichkeits-Profil
ISBN 978-3-89749-352-0
€ 34,90 (D) / € 35,90 (A) / sFr 56,90

Oliver Geisselhart
Kopf oder Zettel?
ISBN 978-3-89749-561-6
€ 29,90 (D) / € 30,80 (A) / sFr 4

Weitere Informationen finden Sie unter www.gabal-verlag.de

Business-Bücher für Erfolg und Karriere

GABAL

Gitte Härter
Nerv nicht!
ISBN 978-3-86936-064-5
€ 17,90 (D) / € 18,50 (A) / sFr 27,90

Christiane Gierke
Das ist ja 'ne Marke!
ISBN 978-3-86936-068-3
€ 17,90 (D) / € 18,50 (A) / sFr 27,90

Ken Blanchard, Alan Randolph, Peter Grazier
Go Team!
ISBN 978-3-86936-063-8
€ 17,90 (D) / € 18,50 (A) / sFr 27,90

Hans-Jürgen Kratz
Stolpersteine in der Mitarbeiterführung
ISBN 978-3-86936-012-6
€ 19,90 (D) / € 20,50 (A) / sFr 30,50

Michaela Muschitz
Klartext schreiben im Business
ISBN 978-3-86936-066-9
€ 17,90 (D) / € 18,50 (A) / sFr 27,90

Josef W. Seifert
Visualisieren, Präsentieren, Moderieren
ISBN 978-3-930799-00-8
€ 17,90 (D) / € 18,50 (A) / sFr 27,90

Jürgen Kurz
Für immer aufgeräumt
ISBN 978-3-89749-735-1
€ 19,90 (D) / € 20,50 (A) / sFr 30,50

Marion Recknagel
Überzeugen ohne zu argumentieren
ISBN 978-3-86936-069-0
€ 17,90 (D) / € 18,50 (A) / sFr 27,90

Christiane Dierks
Erkennbar besser sein
ISBN 978-3-89749-920-1
€ 19,90 (D) / € 20,50 (A) / sFr 30,50

Brigitte Scheidt
Neue Wege im Berufsleben
ISBN 978-3-89749-921-8
€ 19,90 (D) / € 20,50 (A) / sFr 30,50

I. Moser-Will, I. Grube
Denkspiele
ISBN 978-3-86936-013-3
€ 19,90 (D) / € 20,50 (A) / sFr 30,50

Cornelia Topf, Rolf Gawrich
Business-Etikette
ISBN 978-3-89749-924-9
€ 17,90 (D) / € 18,50 (A) / sFr 27,90

Weitere Informationen finden Sie unter www.gabal-verlag.de

Die 30 Minuten-Reihe
Prägnant, praxisorientiert, vielseitig

GABAL

Jeder Band 80 Seiten, 11x18 cm, 2-farbig, empfohlen von N24
€ 6,50 (D) / € 6,70 (A) / sFr 10,50

Tim Schlüter, Michael Münz
30 Minuten Twitter, Facebook, Xing & Co.
ISBN 978-3-86936-077-5

Jens Ferber
30 Minuten Basiswissen Wirtschaft
ISBN 978-3-86936-076-8

Lothar J. Seiwert, Wolfga
Maison, Holger Wöltje
30 Minuten Zeit-management mit iPho
ISBN 978-3-86936-03(

F. Ion, M. Brand
30 Minuten für mehr Work-Life-Balance durch die 16 Lebensmotive
ISBN 978-3-89749-870-9

D. Koenig, L. Seiwert, S. Roth
30 Minuten für optimale Selbstorganisation
ISBN 978-3-89749-126-7

Oliver Geisselhart
30 Minuten Power-Gedächtnis
ISBN 978-3-86936-07

Svenja Hofert
30 Minuten für erfolgreiche Bewerbungsanschreiben
ISBN 978-3-89749-866-2

Helmut Muthers
30 Minuten für „ver-rückte" Unternehmer
ISBN 978-3-89749-868-6

T. Draxler, A. Cheung
30 Minuten Gesundhe management
ISBN 978-3-86936-07

Weitere Informationen finden Sie unter www.gabal-verlag.de

Unterhaltsame Schweinehundzähmung

GABAL

Günter, der innere Schweinehund, hält eine Rede
ISBN 978-3-86936-071-3

Günter, der innere Schweinehund, lernt verhandeln
ISBN 978-3-89749-918-8

Günter, der innere Schweinehund, hat Erfolg
ISBN 978-3-89749-731-3

13 lieferbare Buchtitel, je Band 216 Seiten mit 100 Illustrationen von Timo Wuerz. Je € 9,90 (D) / € 10,20 (A) / sFr 15,90

Günter, der innere Schweinehund, wird Chef
ISBN 978-3-86936-019-5

Günter, der innere Schweinehund, wird Nichtraucher
ISBN 978-3-89749-625-5

Günter, der innere Schweinehund, wird schlank
ISBN 978-3-89749-584-5

Günter, der innere Schweinehund, für Schüler (Audio)
€ 12,95 (D) / € 13,10 (A) / sFr 22,90
ISBN 978-3-86936-091-1

Günter, der innere Schweinehund, wird fit (Audio)
€ 25,90 (D) / € 26,20 (A) / sFr 43,90
ISBN 978-3-89749-972-0

Günter Plüschtier
empf. VK € 9,95 (D) / € 9,95 (A) / sFr 17,90
ISBN 978-3-89749-705-4

Weitere Informationen finden Sie unter www.gabal-verlag.de

Anzeige

GABAL®
Netzwerk Lernen

GABAL: Ihr „Netzwerk Lernen“ – ein Leben lang

Ihr Gabal-Verlag bietet Ihnen Medien für das persönliche Wachstum und Sicherung der Zukunftsfähigkeit von Personen und Organisationen. „GABAL“ gibt es auch als Netzwerk für Austausch, Entwicklung und eigene Weiterbildung, unabhängig von den in Training und Beratung eingesetzten Methoden: GABAL, die **G**esellschaft zur Förderung **A**nwendungsorientierter **B**etriebswirtschaft und **A**ktiver **L**ehrmethoden in Hochschule und Praxis e.V. wurde 1976 von Praktikern aus Wirtschaft und Fachhochschule gegründet. Der Gabal-Verlag ist aus dem Verband heraus entstanden. Annähernd 1.000 Trainer und Berater sowie Verantwortliche aus der Personalentwicklung sind derzeit Mitglied.

Lernen Sie das Netzwerk Lernen unverbindlich kennen.
Die aktuellen Termine und Themen finden Sie im Web unter **www.gabal.de.**
E-Mail: info@gabal.de.

Telefonisch erreichen Sie uns per 06132.509 50-90.

Die Mitgliedschaft gibt es quasi ab 0 Euro!
Aktive Mitglieder holen sich den Jahresbeitrag über geldwerte Vorteil zu mehr als 100% zurück: Medien-Gutschein und Gratis-Abos, Vorteils-Eintritt bei Veranstaltungen und Fachmessen. **Hier treffen Sie Gleichgesinnte, wann, wo und wie Sie möchten:**

- Internet: Aktuelle Themen der Weiterbildung im Überblick, wichtige Termine immer greifbar, Thesen-Papiere und gesichertes Know-how inform von White-papers gratis abrufen
- Regionalgruppe: auch ganz in Ihrer Nähe finden Treffen und Veranstaltungen von GABAL statt – Menschen und Methoden in Aktion kennen lernen
- Jahres-Symposium: Schnuppern Sie die legendäre „GABAL-Atmosphäre“ und diskutieren Sie auch mit „Größen“ und „Trendsettern“ der Branche.

Über Veröffentlichungen auf der Website (Links, White-papers) steigen Mitglieder „im Ansehen“ der Internet-Suchmaschinen.
Neugierig geworden? Informieren Sie sich am besten gleich!

„Es ist viel passiert, seit Gründung von GABAL: Was 1976 als Paukenschlag begann, … wirkt weit in die Bildungs-Branche hinein: Nachhaltig Wissen und Können für künftiges Wirken schaffen …“
(Prof. Dr. Hardy Wagner, Gründer GABAL e.V.)